ビジュアル版

一冊でつかむ
古代史と豪族

監修 瀧音能之

河出書房新社

まえがき

3世紀末から6世紀にかけての日本は、畿内に成立したヤマト政権によって我が国がひとつの国として形作られていった時代です。しかし、その過程は多くの謎に包まれ、各地に点在する古墳や、そこから出土する剣や鏡、埴輪など、国家日本の誕生の謎を探るカギは消して多くはありません。

もうひとつその謎を解くカギとなるのが、「豪族」と呼ばれる人々です。彼らは、ただの地方権力者ではありません。それぞれがヤマト政権の形成に深く関わり、時にはその基盤を支え、時には挑戦する存在でした。豪族の姿を追うことで、ヤマト政権の実態が少しずつ浮かび上がってくるのです。

たとえば、最近話題となった富雄丸山（とみおまるやま）古墳の出土品。これまでに例を見ない盾形銅鏡や、全長2メートルを超える蛇行剣が発見され、古代史ファンだけでなく多くの人々を驚かせました。これらの貴重な品々を所有していた豪族とは、いったい何者だったのでしょうか？どのようにしてその地位を築き、ヤマト政権とどのような関係を持っていたのか。古代史は謎に満ちていますが、それこそが私たちを惹きつける理由でもあります。

本書では、蘇我氏や物部氏、大伴氏、藤原氏といった大豪族だけでなく、名も知られぬ中小の豪族や地方豪族にも光を当てています。彼らの活躍を通して、中央と地方のつながり、そしてヤマト政権の多層的な仕組みを描き出すことを目指しました。また、地図や図表を豊富に取り入れ、視覚的にもわかりやすい構成を心がけています。

ぜひ本書を、日本の古代史を楽しむ一助としていただきたいと思います。興味のある豪族の項目から読み進めても、最初からじっくりひもといても構いません。本書を通じて、古代史の奥深さに触れ、さまざまな豪族たちのドラマに心を躍らせていただければ幸いです。監修者として、皆さんが古代史の魅力に一層引き込まれることを心より願っています。

瀧音能之

もくじ

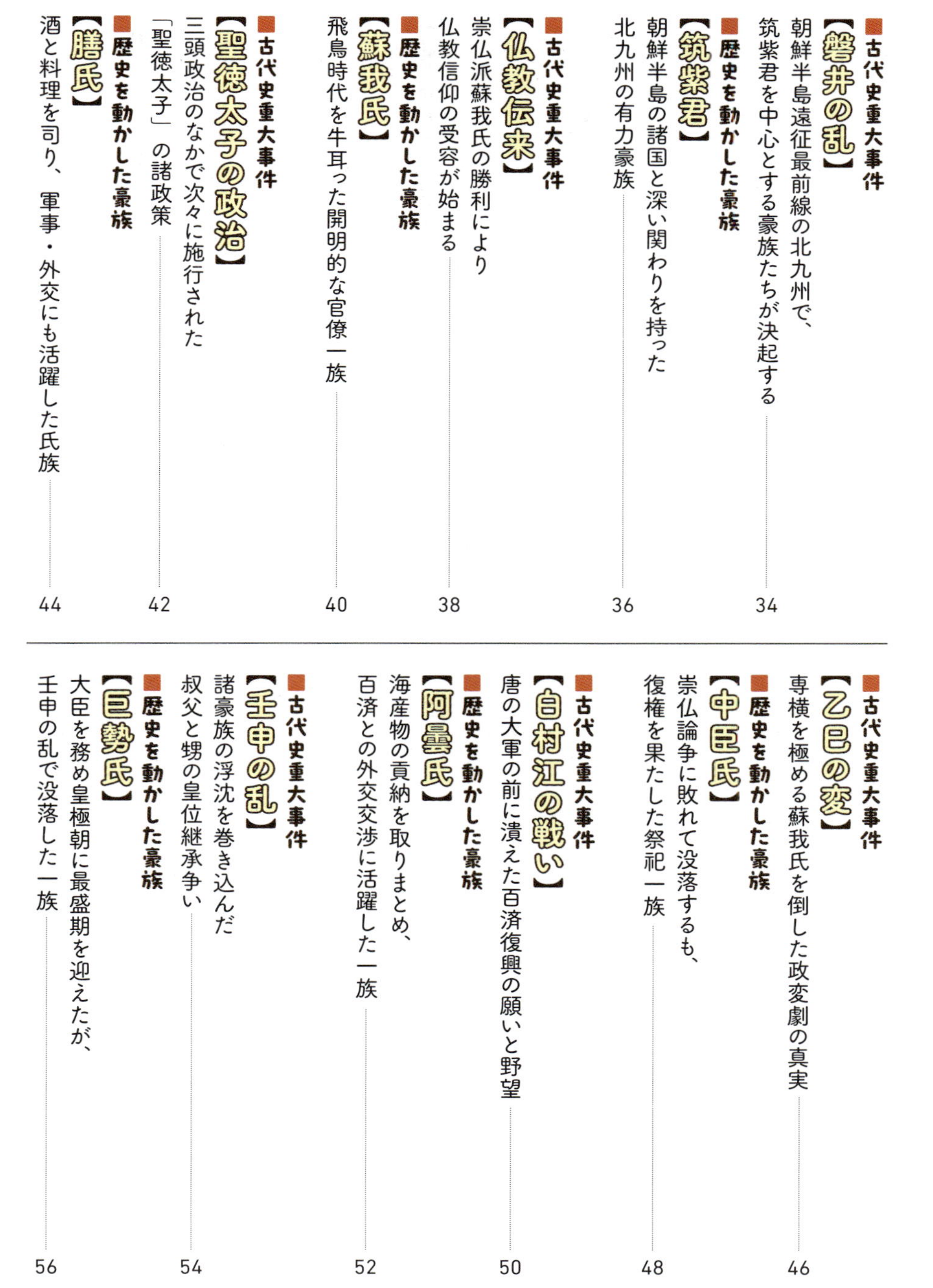

第2部 しごとでわかる古代豪族

序章

豪族ってなに？

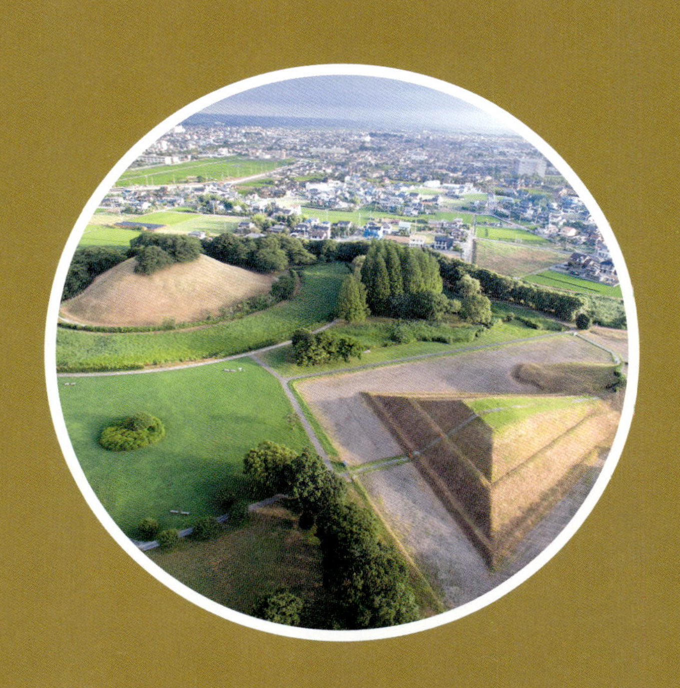

古代豪族と大王家

豪族とは何か？

ネーミングによって役割と立場が明確化された、ヤマト政権を支える有力者たち

ヤマト政権は、3世紀末、現在の奈良県大和盆地南部で成立しました。当時のヤマト政権は、大王（のちの天皇）による専制国家ではなく、盟主たる大王を大和盆地に割拠する豪族たちが支える連合政権だったと考えられています。

豪族とは、土地を基盤に私兵を持ち、地域を支配する有力者とその一族を指します。彼らは「氏（うじ）」を名乗り、血縁を中心とした集団を形成しました。氏には、吉備氏（きびうじ）や紀氏（きのうじ）のように本拠地に由来するもの、大伴氏（おおともうじ）や物部氏（もののべうじ）のように職掌に基づくものがありました。氏の首長である「氏上（うじのかみ）」は、祭祀を司りながら氏人（うじびと）を統率しました。

3世紀末から5世紀にかけて、ヤマト政権の勢力が拡大するなかで、日本各地の地方豪族も次第に政権に臣従していきました。

この過程で、ヤマト政権の象徴となったのが前方後円墳を頂点とする古墳文化です。ヤマト政権は服従の証（あかし）として古墳の墓制のなかに豪族たちを取り込み、古墳は、政権と豪族の結びつきを示す象徴となりました。

氏姓制度によって豪族たちを組織化

また、ヤマト政権は豪族たちを政治的に組織化するため「姓（かばね）」を与えました。姓は職掌や出自を表すもので、有力豪族には「臣（おみ）」や「連（むらじ）」が与えられました。

こうした氏姓制度の仕組みにより、豪族たちは政権内での位置づけを明確にされ、政権を支える役割を担うようになりました。平安時代初期に編纂された『新撰姓氏録（しんせんしょうじろく）』には1182の氏が記録されており、ヤマト政権下で組織化された豪族の広がりを物語っています。

ヤマト政権は、このような豪族との協力を基盤に、日本の国家形成を進めていったのです。

古代史の
現場を
覗く！

ヤマト政権発祥の地とされる纏向（まきむく）遺跡と、最初期の前方後円墳とされる箸墓（はしはか）古墳。

豪族を政権に取り込んだ氏姓制度

5世紀〜6世紀にかけて、ヤマト政権では豪族を氏姓制度のなかに取り込み、統制を強めていった。

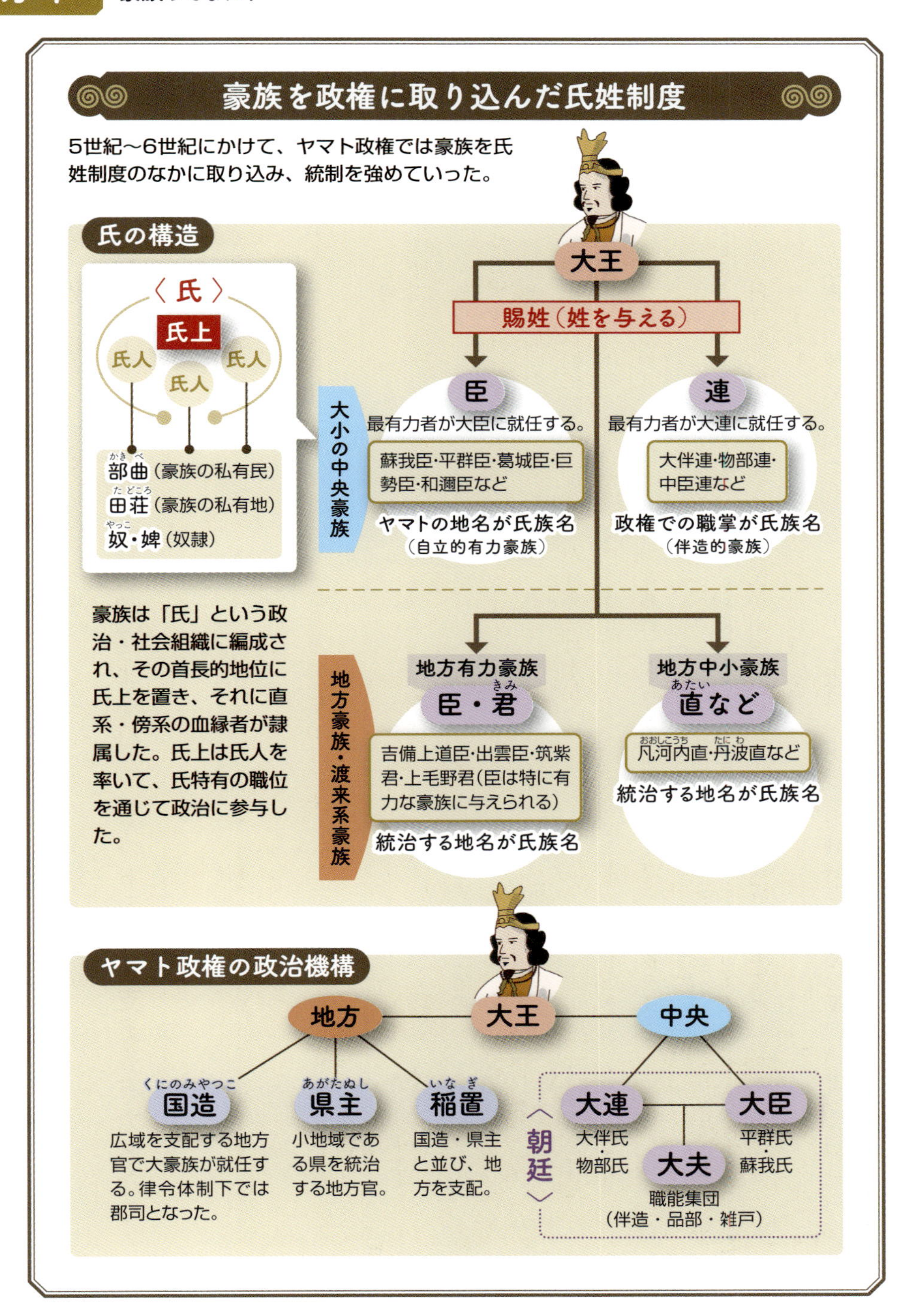

氏の構造
〈氏〉
氏上
氏人
氏人
氏人
部曲（豪族の私有民）
田荘（豪族の私有地）
奴・婢（奴隷）
大王
賜姓（姓を与える）
大小の中央豪族
臣
最有力者が大臣に就任する。
蘇我臣・平群臣・葛城臣・巨勢臣・和邇臣など
ヤマトの地名が氏族名
（自立的有力豪族）
連
最有力者が大連に就任する。
大伴連・物部連・中臣連など
政権での職掌が氏族名
（伴造的豪族）
地方豪族・渡来系豪族
地方有力豪族
臣・君
吉備上道臣・出雲臣・筑紫君・上毛野君（臣は特に有力な豪族に与えられる）
統治する地名が氏族名
地方中小豪族
直など
凡河内直・丹波直など
統治する地名が氏族名
ヤマト政権の政治機構
地方
大王
中央
国造
広域を支配する地方官で大豪族が就任する。律令体制下では郡司となった。
県主
小地域である県を統治する地方官。
稲置
国造・県主と並び、地方を支配。
〈朝廷〉
大連
大伴氏・物部氏
大臣
平群氏・蘇我氏
大夫
職能集団
（伴造・品部・雑戸）

豪族は「氏」という政治・社会組織に編成され、その首長的地位に氏上を置き、それに直系・傍系の血縁者が隷属した。氏上は氏人を率いて、氏特有の職位を通じて政治に参与した。

毛野
（上毛野・下毛野）
（P118）
息長
（P122）
秦
（P64）
尾張
（P123）
鴨県主
（P78）
高麗
（P98）
畿内編
畿内には大王家を支え、ヤマト政権の担い手となった豪族たちがひしめいていた。彼らは臣・連などの姓を与えられ、様々な職掌をもって大王家を支え、ヤマト政権を運営していた。
佐紀盾列古墳群
河内湖
生駒山
百済王
（P96）
中臣
（P48）
稗田（猿女？）
（P84）
和邇
（P24）
難波
物部
（P20）
平群
（P66）
膳
（P44）
物部
住吉津
土師
大和川
葛城川
飛鳥川
大王家
（P14）
柳本古墳群
三輪
（P74）
三輪山
古市古墳群
西文
（P94）
百舌鳥古墳群
蘇我
（P40）
土師
（P90）
采女？
（P100）
大伴
大伴
忌部
（P82）
耳成山
大伴
（P32）
多
（P69）
蘇我
香具山
畝傍山
藤原（中臣）
（P60）
阿倍
（P108）
葛城
（P28）
東漢
（P106）
本拠不詳の豪族
海部
（P122）
阿曇
（P52）
鞍作
（P92）
佐伯
（P110）
橘
（P67）
紀
（P68）
巨勢
（P56）

押さえておきたい 全国 古代豪族MAP

古墳時代の畿内と日本全国に割拠した
古代豪族を俯瞰しよう!

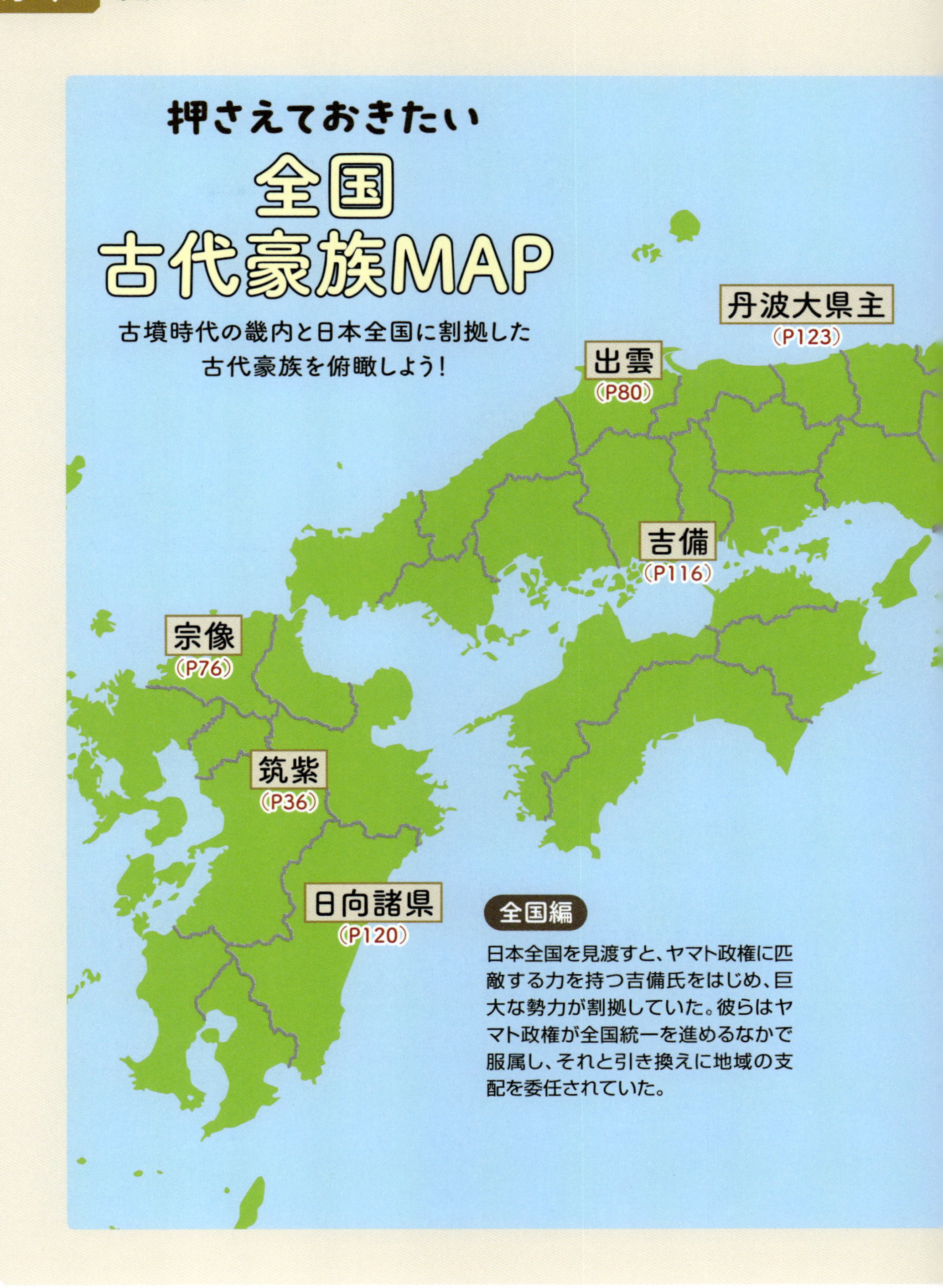
丹波大県主
(P123)
出雲
(P80)
吉備
(P116)
宗像
(P76)
筑紫
(P36)
日向諸県
(P120)

全国編

日本全国を見渡すと、ヤマト政権に匹敵する力を持つ吉備氏をはじめ、巨大な勢力が割拠していた。彼らはヤマト政権が全国統一を進めるなかで服属し、それと引き換えに地域の支配を委任されていた。

古代豪族と大王家

大王家

政権を支える豪族を統べる万世一系の系譜

ヤマト政権の頂点に立つのが大王家、後の天皇家です。ただし、奈良県の大和盆地周辺の豪族たちによる緩やかな連合政権であるヤマト政権において、大王は盟主的な存在であり、専制的な君主ではありませんでした。

大王が専制的な権力を持つのは、6世紀頃、屯倉という直轄領を持つことで、経済基盤が整備され、ヤマト政権全体の財力が向上した時期からと考えられます。この時期、大王家の権威は強化され、中央集権化が進みました。

実在が確実視される最古の天皇である崇神天皇以降、大王位を巡る争いがたびたび起きたことが知られています。このような争いを経て、6世紀頃には「大兄制」と呼ばれる継承制度が整備されました。これは王族間の序列を定め、大王位の継承を安定化させる仕組みでした。

同時に、大王（天皇）を権威づける神話や祭祀も整えられていきました。

新たな氏族を生むことで天皇の権力基盤を強化した臣籍降下

701年に大宝律令が定められると、天皇の一族である「皇族」の範囲が指定されます。天皇の玄孫までが「皇親」とされ、それより隔てると「王」を名乗れなくなりました。

奈良時代には「臣籍降下」と呼ばれる制度も始まりました。これは皇族が臣下の身分に降りることで、天皇家から新たな氏族が誕生する制度です。これにより、天皇家の血統を引く新しい豪族層が形成され、政治的基盤がより多層的になりました。

このように、ヤマト政権の連合体制の中で盟主的な立場からスタートした大王家でしたが、次第に専制君主の地位を確立していきました。そして、その過程で形成された制度や仕組みが、日本の国家体制の礎となったのです。

古代史の現場を覗く！

大仙陵古墳 ▶▶▶ 絶頂期の大王墓のひとつで日本最大の前方後円墳。

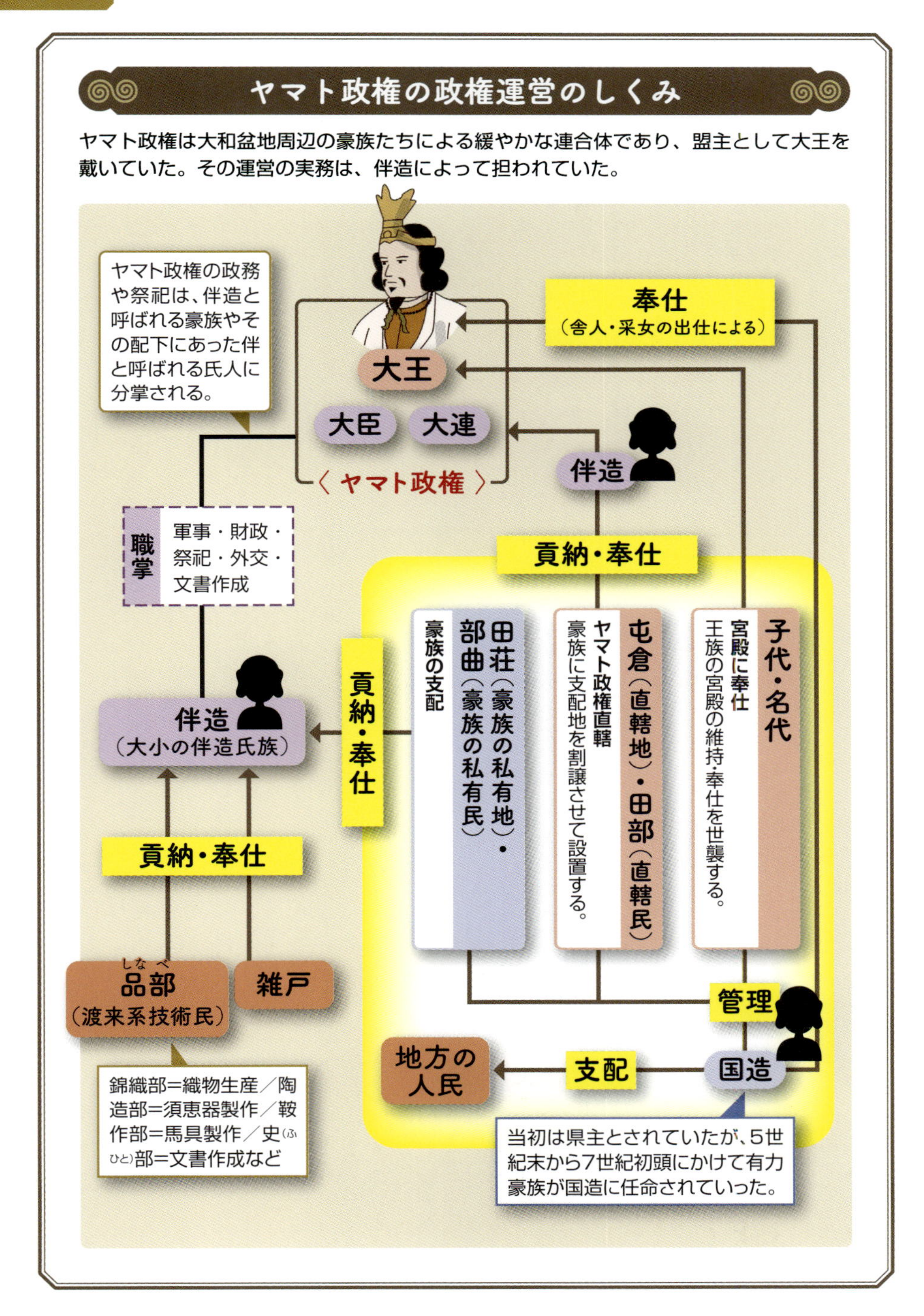
ヤマト政権の政権運営のしくみ
ヤマト政権は大和盆地周辺の豪族たちによる緩やかな連合体であり、盟主として大王を戴いていた。その運営の実務は、伴造によって担われていた。
ヤマト政権の政務や祭祀は、伴造と呼ばれる豪族やその配下にあった伴と呼ばれる氏人に分掌される。
大王
大臣
大連
〈ヤマト政権〉
奉仕（舎人・采女の出仕による）
伴造
職掌
軍事・財政・祭祀・外交・文書作成
貢納・奉仕
子代・名代
宮殿に奉仕
王族の宮殿の維持・奉仕を世襲する。
屯倉（直轄地）・田部（直轄民）
ヤマト政権直轄
豪族に支配地を割譲させて設置する。
田荘（豪族の私有地）・部曲（豪族の私有民）
豪族の支配
貢納・奉仕
伴造（大小の伴造氏族）
貢納・奉仕
品部（渡来系技術民）
雑戸
錦織部＝織物生産／陶造部＝須恵器製作／鞍作部＝馬具製作／史(ふひと)部＝文書作成など
管理
地方の人民
支配
国造
当初は県主とされていたが、5世紀末から7世紀初頭にかけて有力豪族が国造に任命されていった。

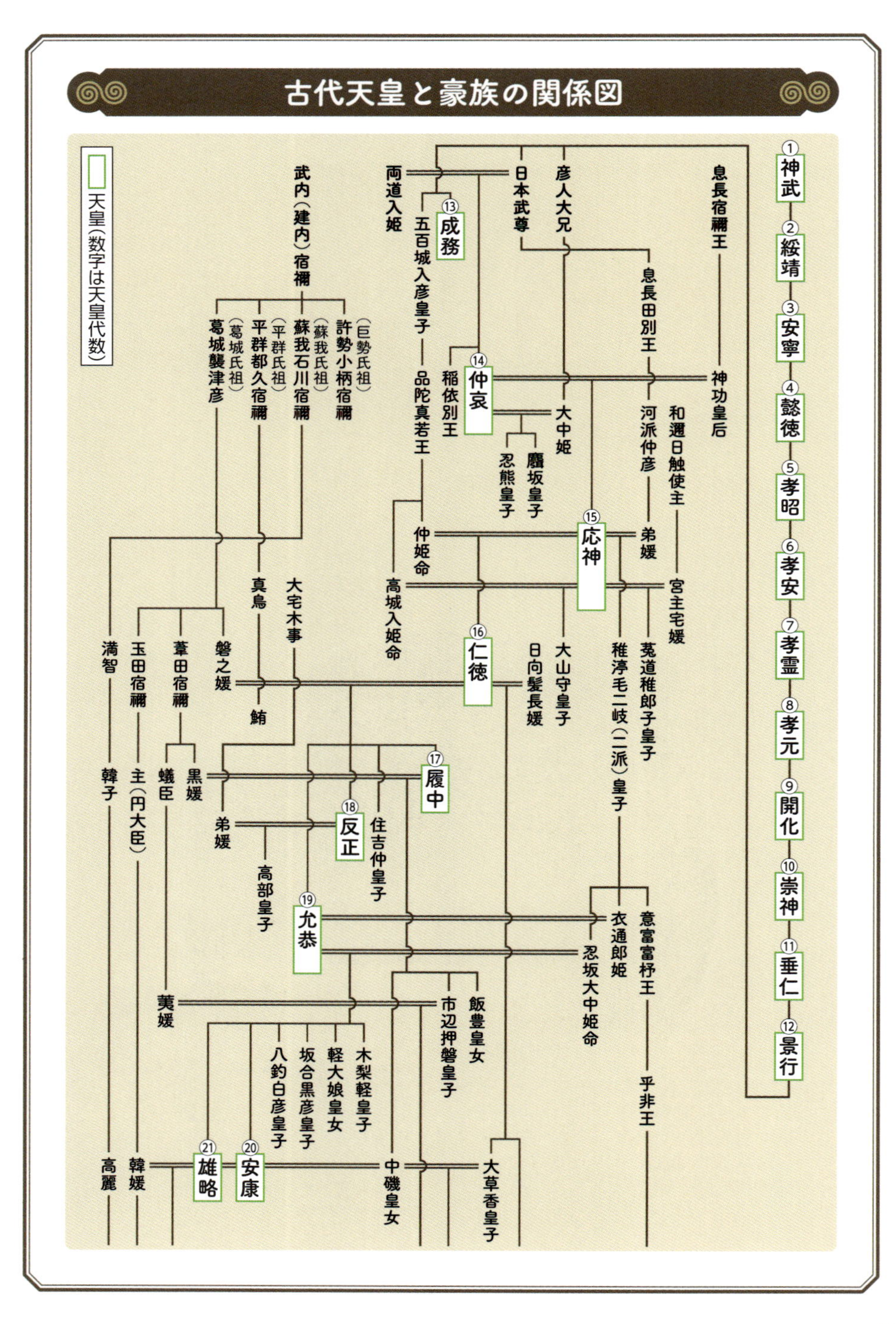
古代天皇と豪族の関係図
天皇（数字は天皇代数）
①神武
②綏靖
③安寧
④懿徳
⑤孝昭
⑥孝安
⑦孝霊
⑧孝元
⑨開化
⑩崇神
⑪垂仁
⑫景行
⑬成務
⑭仲哀
⑮応神
⑯仁徳
⑰履中
⑱反正
⑲允恭
⑳安康
㉑雄略
息長宿禰王
神功皇后
彦人大兄
日本武尊
息長田別王
河派仲彦
和邇日触使主
両道入姫
五百城入彦皇子
品陀真若王
稲依別王
大中姫
麛坂皇子
忍熊皇子
仲姫命
弟媛
宮主宅媛
高城入姫命
武内（建内）宿禰
（巨勢氏祖）許勢小柄宿禰
（蘇我氏祖）蘇我石川宿禰
（平群氏祖）平群都久宿禰
（葛城氏祖）葛城襲津彦
真鳥
大宅木事
磐之媛
葦田宿禰
玉田宿禰
満智
鮪
日向髪長媛
大山守皇子
稚渟毛二岐（二派）皇子
菟道稚郎子皇子
黒媛
蟻臣
主（円大臣）
韓子
弟媛
高部皇子
住吉仲皇子
衣通郎姫
忍坂大中姫命
意富富杼王
乎非王
荑媛
市辺押磐皇子
飯豊皇女
木梨軽皇子
軽大娘皇女
坂合黒彦皇子
八釣白彦皇子
中磯皇女
大草香皇子
韓媛
高麗

第1部

古代史12大事件と豪族

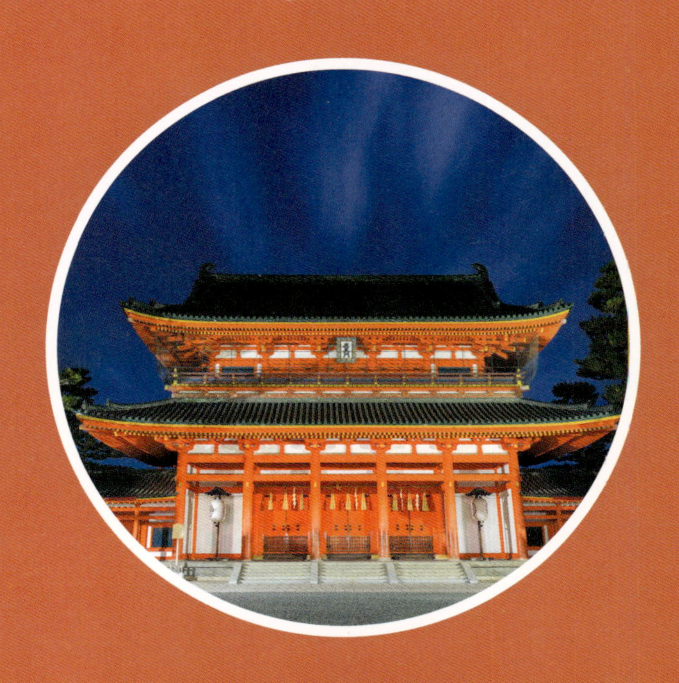

古代史
重大事件

ヤマト政権の成立

国家日本の誕生を語る神武天皇の東征伝説

古代日本に統一国家を打ち立てたヤマト政権は、いつ、どこで、どのような人物が創始したのか、はっきりせず、謎に包まれています。

その真相の一端をうかがうことができるのが、『古事記』『日本書紀』（記紀）に記載される神武天皇の東征伝説です。

天下平定のため、兄たちとともに日向（現・宮崎県）から大和への東征を決意した神日本磐余彦は、豊予海峡から瀬戸内海を通過して難波に上陸し、陸路で大和を目指しました。しかし生駒山を越えるとき、大和の豪族・長髄彦が立ちはだかり、大敗を喫してしまいます。

難波に撤退した磐余彦一行は、今度は海路で紀伊半島を回り込むことにしました。途中、兄たちを失った磐余彦でしたが、熊野から大和を目指して北上を開始します。八咫烏の導きのもと、在地の豪族を破って進んだ一行は、大和にて長髄彦と再戦。すると長髄彦から使者がやって来て、自分は天孫である饒速日命に仕える者だと主張します。

神武東征に抵抗した長髄彦が仕えた神

饒速日は天神の孫であり、天磐船に乗って大和に降臨した神でした。長髄彦はこの神に仕えて抵抗をしたのですが、饒速日は天照大神の子孫である磐余彦の志を知ると、戦いをやめない長髄彦を殺害し、磐余彦に帰順します。

こうして磐余彦は大和平定に成功し、橿原宮で即位して初代神武天皇になったのでした。

この饒速日を祖とするのが、豪族・物部氏とされます。長髄彦の妹・三炊屋媛との間に生まれた宇摩志麻遅の血統であり、地上の秩序を保つ饒速日の子孫として、また、八百万の神々の祭祀を行う氏族として、物部氏はヤマト政権で重要な役割を担い続けることになります。

事件の現場を覗く！

橿原神宮 ▶▶▶ 神武天皇即位の地で、宮が置かれた地とされる橿原神宮の拝殿と畝傍山。

神武東征と豪族の始祖たちの活躍

ヤマト政権の成立を語る神武東征神話では、物部氏の祖とされる饒速日命のほか、政権を支える豪族の始祖たちの活躍がみられる。

日向から熊野上陸まで
神武東征の経路
※『日本書紀』に基づく
長髄彦と戦うも、五瀬命が負傷する。
吉備国・高島宮
安芸国・埃宮
白肩津
生駒山
山城水門
岡水門
荒坂津
竈山
五瀬命、落命。
熊野神邑
宇佐
速吸之門
神日本磐余彦一行が東征に出発する。
暴風雨に見舞われ、兄の稲飯命、三毛入野命が離脱する。
饒速日命によって長髄彦が殺される。饒速日命は物部氏(P20)の祖とされる。
日向
白肩津
八咫烏の先導により北上。八咫烏は鴨県主(P80)の祖とされる。
皇軍の慰労のために饗宴。来目(久米)歌を謡う。来目歌を歌った大来目は久米氏(P110)の祖とされる。
磯城
宇陀
山城水門
橿原
吉野
竈山
神武天皇即位。
荒坂津
東征軍、神の邪気に当たるも、高倉下の霊験で復活する。
熊野神邑
熊野上陸から橿原即位まで

饒速日命の子孫・物部氏は、
ヤマト政権内においてどんな役割を果たしたのでしょうか？

歴史を動かした豪族

物部氏（もののべうじ）

石上神宮の祭祀を担当しながら、軍事力で政権を支えた一族

饒速日命を祖神とする物部氏は、ヤマト政権において、もっとも有力な豪族のひとつでした。ただし、大和国山辺郡（現・奈良県天理市）、河内国渋川郡（現・大阪府八尾市付近）を本拠地としていた豪族と考えられるものの、詳しいルーツはわかっていません。

「物部」という氏族名については、「もの」「もののふ」に由来し、兵力、軍事力を意味する名称という説や、精霊、霊魂を意味する「物の怪（もののけ）」であり、宗教的な名称とする説がありますが、むしろ二つの意味を持つのかもしれません。実は物部氏は、軍事と祭祀両面においてヤマト政権を支えた豪族だったのです。

磐井の乱を平定し、軍事で政権を支える

『日本書紀』には527年、筑紫（つくし）（現・福岡県）で発生した磐井（いわい）の乱を、軍勢を率いて鎮圧した物部麁鹿火（あらかい）の活躍が記されています。

物部氏の姓は、特定の職能を持つ中央の有力豪族に授与される「連（むらじ）」。ヤマト政権内最高位の「大連（おおむらじ）」として活躍したのは6世紀初頭で、物部麁鹿火が、継体（けいたい）天皇即位に際して大連に就任したとされます。

麁鹿火に続いて、物部尾輿（おこし）とその子・守屋（もりや）が続けて大連となり、物部氏は全盛期を迎えます。

一方祭祀面では、石上神宮（いそのかみじんぐう）（奈良県天理市）の祭祀を司っています。石上神宮にはヤマト政権の剣神である布都御魂大神（ふつのみたまのおおかみ）などが祀られていました。その祭祀を担ってきた立場上、仏教の受容には一貫して反対し、推進派の蘇我氏（そがうじ）と対立する結果となりました。

587年、皇位継承と仏教受容を巡る争いから「物部・蘇我戦争」（丁未（ていび）の乱）が勃発。多くの皇子を味方につけた蘇我馬子（うまこ）に守屋が討たれ、物部氏は衰退してしまうのでした。

豪族メモ

勢力の中心地● 大和国山辺郡（奈良県天理市）・河内国渋川郡（大阪府八尾市付近）

始祖● 饒速日命／種別● 神別（天神）／氏姓● 物部連

著名な人物● 物部麁鹿火、物部尾輿、物部守屋

系譜で読み解く物部氏の歴史

ヤマト政権を軍事力で支えた物部氏は、当初大伴氏とともに政権の中核を担ったが、蘇我氏とともに大伴氏を追い落としている。

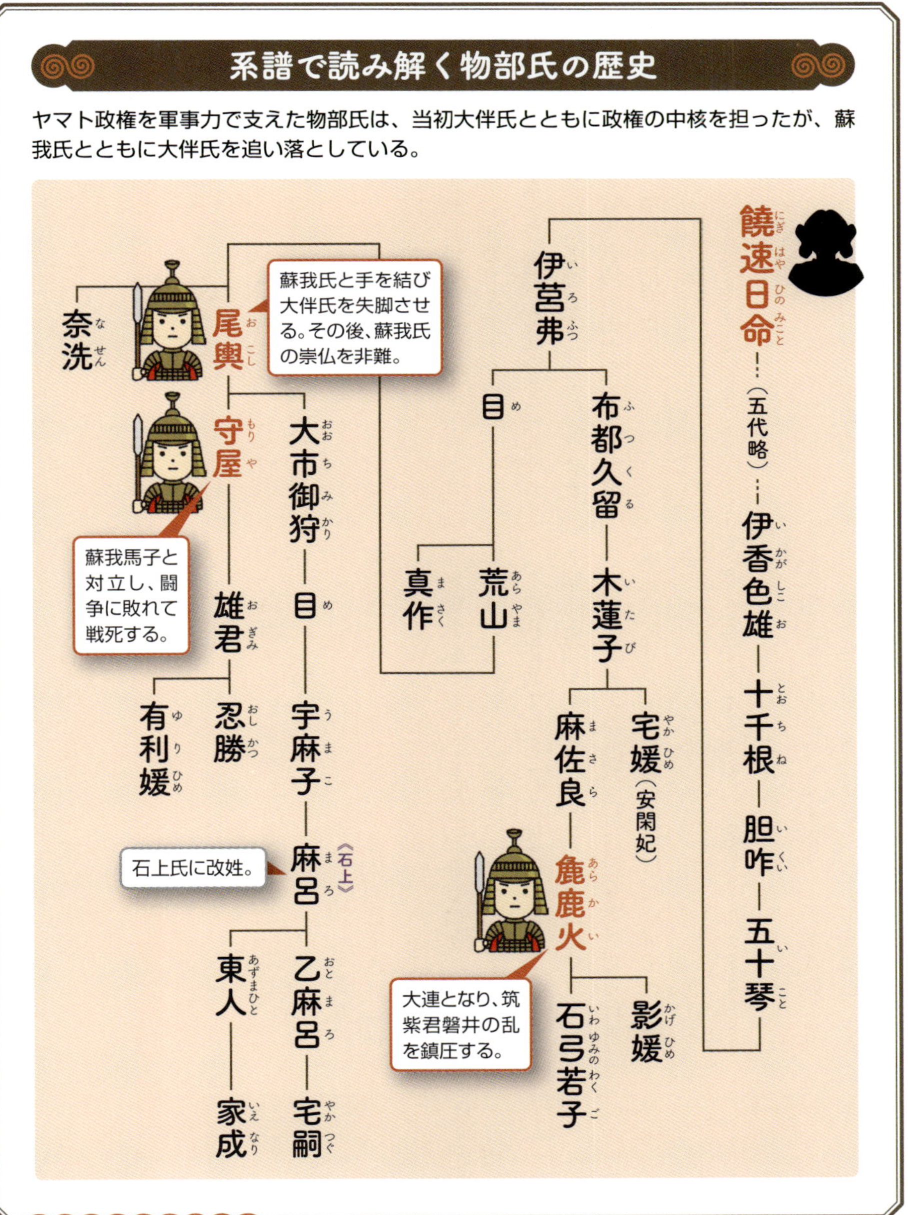
饒速日命
（五代略）
伊香色雄
十千根
胆咋
五十琴
伊莒弗
布都久留
目
木蓮子
荒山
真作
宅媛（安閑妃）
麻佐良
麁鹿火
大連となり、筑紫君磐井の乱を鎮圧する。
影媛
石弓若子
尾輿
蘇我氏と手を結び大伴氏を失脚させる。その後、蘇我氏の崇仏を非難。
奈洗
守屋
蘇我馬子と対立し、闘争に敗れて戦死する。
大市御狩
目
宇麻子
麻呂《石上》
石上氏に改姓。
乙麻呂
宅嗣
東人
家成
雄君
忍勝
有利媛

その後どうなった？

壬申の乱で敗れた大友皇子に最後まで従った物部連麻呂は、天武天皇に許され、684年に朝臣の姓を賜わって石上麻呂と改名。左大臣に出世し、物部一族は復権を果たしました。とはいえ、以降歴史の表舞台に上がることはなく、徐々に衰微していきました。

古代史
重大事件

朝鮮半島遠征

倭人の朝鮮半島侵攻を暗示する
神功皇后の遠征伝説

神功皇后は14代仲哀天皇の皇后ながら、『日本書紀』に天皇以外で唯一、巻が立てられた人物です。諡号も陵墓も、天皇と同等に扱われており、特別な存在といえるでしょう。

この神功皇后には、夫の崩御後、「新羅を討て」との神託を受け、自ら軍勢を率いて朝鮮半島に遠征したという伝説があります。

この遠征軍を前に新羅王はたちまち降伏し、続いて高句麗、百済の王も戦わずして朝貢を誓ったとされ、朝鮮半島の各国の日本への服属が語られているのです。

ただし、「三韓遠征」の時代とされる4世紀は、「空白の世紀」といわれ、中国の史書に当時の日本に関する記述がなく、文献的な裏付けがとれない空白の時代です。

「三韓遠征」についても伝説の域を出るものではありません。

神功皇后伝説の背景にある初期ヤマト政権の旺盛な遠征志向

しかし、現在の中国吉林省に残る4世紀の高句麗王・好太王を顕彰する広開土王碑文には、倭人が朝鮮半島に進出し、百済と同盟を結んで高句麗と戦ったという記述があります。また朝鮮最古の歴史書『三国史記』（1145年完成）の「新羅本紀」にも、4世紀後半に倭人が半島に繰り返し出兵したことが記されています。

この時期のヤマト政権は旺盛な海外進出欲を示しており、神功皇后の遠征伝説は、それを物語化したものと考えられるのです。

こうした遠征に積極的に協力したと考えられるのが、当時の政権の本拠地があった佐紀近くに勢力を張っていた和邇氏です。和邇氏はのちに神功皇后の子・応神天皇の后を出すなど、活発な政治活動も見ることができます。

事件の現場を覗く！

香椎宮 ▶▶▶ 熊襲遠征にやってきた仲哀天皇が、宮を置き、神託を受けた地とされる。

空白の4世紀に起こった倭国の朝鮮侵攻
好太王碑の碑文によれば、391年に倭人が海を渡って朝鮮半島に侵攻。当時南進策を進めていた高句麗の好太王は倭と399年と404年に戦い、撃退したという。
丸都
好太王碑
後燕
高句麗
倭軍の推定進撃ルート
倭に降伏したとされる国
平壌
漢城
百済
新羅
熊津
斯盧
安羅
金官加羅
伽耶
日本海
対馬
壱岐
『日本書紀』では神功皇后の朝鮮遠征と三韓(百済·新羅·高句麗)の征服が語られるが、史実としては疑問視されている。
倭(日本)

和邇氏は果たしてどのようにヤマト政権の朝鮮半島進出を支えたのでしょうか?

歴史を動かした豪族

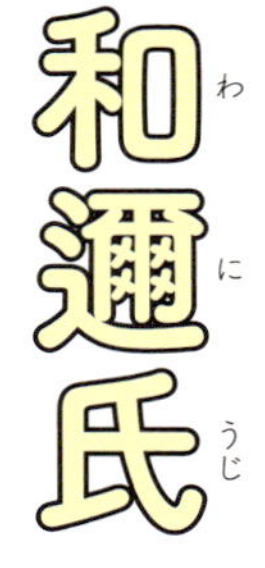

和邇氏

何人もの大王妃を輩出し、初期ヤマト政権を支えた豪族

「三韓遠征」当時、神功皇后はお腹に皇子を宿していました。皇后は偉業を成功させて帰国後、筑紫で皇子を出産。大和への帰路につきました。

しかし、皇子の異母兄にあたる麛坂王、忍熊王の2人が皇位を狙って大和で反乱を起こします。このとき反乱鎮圧に貢献したのが、和邇氏の祖にあたる将軍・武振熊でした。

戦いが長引くなか、一計を案じた武振熊は、皇后は亡くなったとして弓の弦を切り、戦いを停止するそぶりを見せます。

これに忍熊王側が油断すると、隠していた弓矢を放ち、淡海の海（琵琶湖）に追い詰めて勝利を収めたのです。

軍略に長けた武振熊を祖とする和邇氏の本拠は、奈良盆地東北部の天理市和爾町一帯とするのが有力ですが、実は琵琶湖西南部にも「和邇」の地名があり、かつて和邇氏は近江に本拠を置き、のちに大和へ移った一族と見られています。

また、「ワニ」とは古代日本語で「サメ」「フカ」を意味するため、一族のルーツを日本海側に求め、若狭（福井）から湖西、山科を経て畿内に入った「渡来系集団」とする説もあります。

一方で、記紀では5代・孝昭天皇の皇子・天足彦国押人命を和邇氏の遠祖としており、和邇氏の由来はますます謎めいています。

后妃を送り出す名族ながら、謎に包まれる氏族のルーツ

和邇氏の全盛期は5世紀から6世紀といわれ、一時は葛城氏［28頁］と政権内の勢力を二分していました。応神天皇の妃となった宮主宅媛とその妹・小瓶媛ほか、7人の天皇に計11人の后妃を出したといいます。

「大臣」「大連」といった権力の座には着きませんでしたが、外戚氏族として大きな影響力を持ったと思われます。

豪族メモ

- 勢力の中心地● 大和国添上郡和爾（奈良県天理市和爾町）
- 始祖● 天足彦国押人命／種別● 皇別／氏姓● 和邇臣
- 著名な人物● 彦国葺命、武振熊命

神功皇后の朝鮮半島遠征と武振熊命

神功皇后による朝鮮半島遠征伝説では、和邇氏の武振熊命が活躍しており、佐紀の王家を和邇氏が支えていたことを暗示する。

武振熊の業績
神功皇后の経路
武振熊が飛騨に現れたふたつの顔を持つ怪物「宿儺」を討伐する。
角鹿（敦賀）にあった神功皇后は、熊襲征討中の仲哀天皇に呼ばれ九州へ向かう。
至朝鮮半島
笥飯宮
和珥津
三韓遠征
逢坂
莵道
住吉大社
小竹宮
豊浦宮
徳勒津
橿日宮
宇瀰
神功皇后が御子を産む。
皇子とともに大和へ戻る。
熊襲
神のお告げを疑った仲哀天皇が没する。
武振熊、反乱を起こした忍熊王、麛坂王を武内宿禰とともに討つ。その際武振熊は、降伏するふりをして相手を油断させ、不意を突いて破ったという。

『大日本史略図会 第十五代神功皇后』（月岡芳年筆）

神功皇后による三韓遠征を描いた浮世絵。画面左に控えるのは武内宿禰。

その後どうなった？

武振熊はその後、飛騨国に現れた宿儺（すくな）という怪物を倒したという伝承を持ちます。また、和邇氏自体は天武朝の頃、春日臣、柿本臣、大宅臣、小野臣、粟田朝臣、など、多くの氏に分岐していきました。

安康天皇暗殺

ライバルと有力豪族を葬り去り、専制君主が登場する

5世紀後半のヤマト政権に君臨した第21代・雄略天皇は、日本史上初の専制君主といわれていますが、『日本書紀』には「大悪天皇」と書かれています。それほどまで悪しざまに書かれた背景には何があったのでしょうか。

16代・仁徳天皇の皇子たちは、履中・反正・允恭と、兄弟が順に皇位を継承していました。しかし允恭天皇を継いだ、安康天皇が、叔父の大草香皇子を、誤解をもとに殺害したことから、大王家に復讐の連鎖が始まります。

その後安康天皇は、大草香皇子の妃を皇后としましたが、連れ子であった7歳の眉輪王に暗殺されてしまいます。

これに激怒したのが、安康天皇の弟・大泊瀬皇子でした。まず敵討ちとして同母の兄・八釣白彦皇子を殺害。同じく実兄の坂合黒彦皇子が眉輪王とともに葛城氏の円大臣の邸宅へ逃げ込むと、皇子諸共、葛城氏を滅ぼしてしまいます。さらに従兄の市辺押磐皇子を暗殺し、大泊瀬皇子は即位したのです。

勢力拡大・外交における専制君主ならではの功績

この一連の殺戮の結果、雄略天皇一人に権力が集中することになりました。

雄略天皇は、外交において百済との関係を深め、半島の進んだ技術を導入しています。

また、中国に対しては南朝の宋に朝貢し、「倭王武」として大陸でも認知されるようになったのです。

考古学的にも九州の江田船山古墳と埼玉県の稲荷山古墳から、雄略天皇の名を刻んだ鉄剣が出土し、九州から関東へ至る影響力が確実視されています。また、北は岩手県、南は鹿児島県まで前方後円墳が広がったのも、この時期のことでした。

事件の現場を覗く！

埼玉古墳群 ▶▶▶ 雄略天皇の名「ワカタケル」の名が刻まれた鉄剣が出土した古墳群。

出土鉄剣が示すワカタケル大王の勢力圏

雄略天皇の時代、葛城氏をはじめとする豪族が滅ぼされ、ヤマト政権の勢力が本州および九州の大半に及ぶようになった。

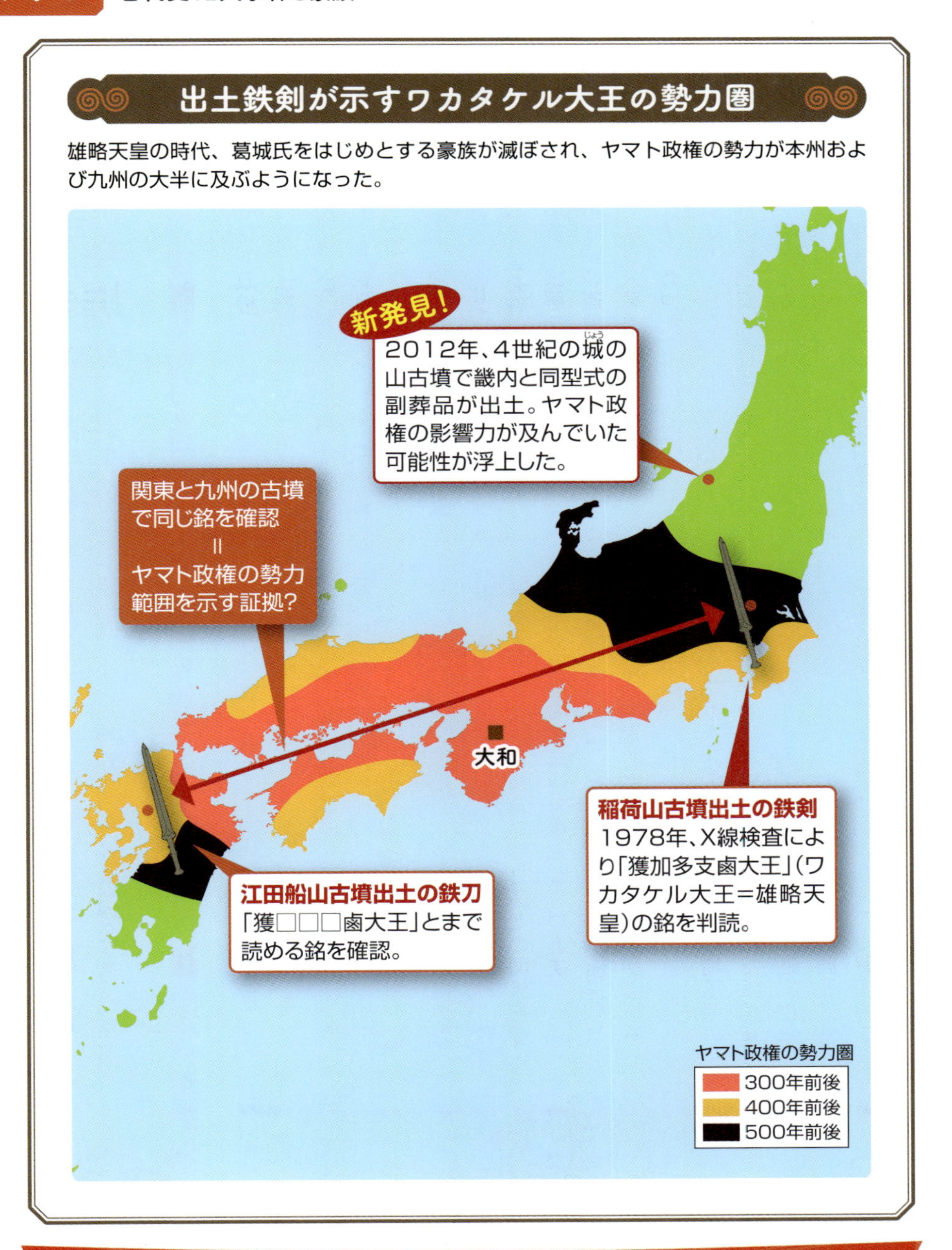
新発見！
2012年、4世紀の城の山古墳で畿内と同型式の副葬品が出土。ヤマト政権の影響力が及んでいた可能性が浮上した。
関東と九州の古墳で同じ銘を確認
＝
ヤマト政権の勢力範囲を示す証拠？
大和
稲荷山古墳出土の鉄剣
1978年、X線検査により「獲加多支鹵大王」（ワカタケル大王＝雄略天皇）の銘を判読。
江田船山古墳出土の鉄刀
「獲□□□鹵大王」とまで読める銘を確認。
ヤマト政権の勢力圏
300年前後
400年前後
500年前後

雄略天皇が巻き起こした政変劇のなか、葬り去られた葛城氏は、
いったいどんな一族だったのでしょうか？

歴史を動かした豪族

葛城氏

大和南部に割拠し、初期ヤマト政権の台頭を支えた巨大豪族

眉輪王とともに滅ぼされた葛城一族は、大王家の外戚として長きにわたり政権を支えてきた大豪族でした。

奈良県御所市にある南郷遺跡群は、この葛城氏の拠点のひとつとされ、高殿、祭殿、祭祀場、武器工房、渡来人の住居跡が整い、往時の勢威を物語っています。

葛城氏の始祖は武内宿禰（孝元天皇の曾孫）の子の1人、葛城襲津彦とされています。御所市にある全長238mの巨大な前方後円墳・室宮山古墳は襲津彦の墓とされ、彼の絶大な権力をうかがわせます。

『日本書紀』によれば、襲津彦は何度も朝鮮半島に渡り、新羅など各国との外交を担っていたようです。秦氏［64頁］の祖である弓月君を招いたのも彼の功績でした。

一方で娘の磐之媛を仁徳天皇の皇后とし、その3人の子（履中・反正・允恭）が次々に即位するなど、葛城氏は大王家の有力な外戚としても重要な地位を占めていました。『古事記』に描かれる磐之媛の嫉妬に悩む仁徳天皇の姿は、葛城氏の威勢を伝えるものとされます。

大王の外戚となり、交通網を支配した一族

葛城氏がヤマト政権内で重きをなした背景には、独自の外交ルートを保持していたことが指摘できます。

周辺豪族と連携して国内の陸路や水運ルートを掌握しており、それが朝鮮半島への複数回にわたる襲津彦の派遣につながったようです。

御所市に鎮座する一言主神社の祭神・一言主神は、葛城氏が信仰した神託の神とされ、「善事も悪事も一言で言い放つ神」といわれました。

記紀においては葛城氏の滅亡後、雄略天皇と邂逅してもてなされたことが記されています。

豪族メモ

勢力の中心地● 大和葛城地方（奈良県御所市）

始祖● 葛城襲津彦／種別● 皇別／氏姓● 葛城臣

著名な人物● 葛城襲津彦、磐之媛、円大臣

葛城氏の興亡

天皇家の内紛に巻き込まれるような形で一大勢力を誇った葛城氏も滅亡していった。

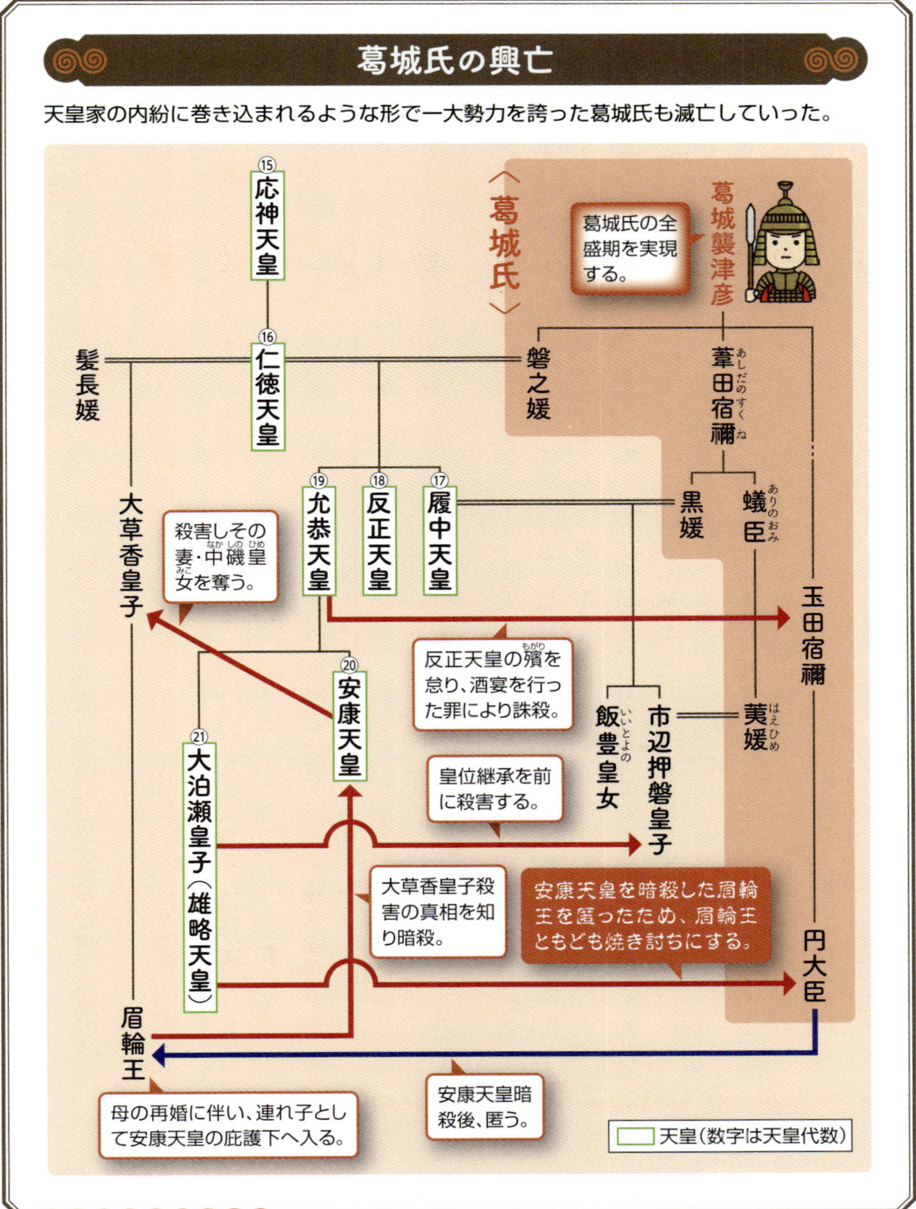

葛城氏
葛城襲津彦
葛城氏の全盛期を実現する。
⑮応神天皇
⑯仁徳天皇
髪長媛
磐之媛
葦田宿禰
玉田宿禰
黒媛
蟻臣
⑲允恭天皇
⑱反正天皇
⑰履中天皇
大草香皇子
殺害しその妻・中磯皇女を奪う。
反正天皇の殯を怠り、酒宴を行った罪により誅殺。
⑳安康天皇
飯豊皇女
市辺押磐皇子
荑媛
㉑大泊瀬皇子（雄略天皇）
皇位継承を前に殺害する。
大草香皇子殺害の真相を知り暗殺。
安康天皇を暗殺した眉輪王を匿ったため、眉輪王ともども焼き討ちにする。
円大臣
眉輪王
母の再婚に伴い、連れ子として安康天皇の庇護下へ入る。
安康天皇暗殺後、匿う。
天皇（数字は天皇代数）

その後どうなった？

葛城氏はその後、神話のなかに生き続けました。一族の祖神とされる高天彦神社の祭神・高皇産霊神（高木神）は記紀神話において「造化の神」であり、大王家が葛城氏の支配地域だけでなく、高天原神話を含む葛城氏の神話を吸収したとも考えられています。

古代史
重大事件

継体即位

皇統が絶えかけたヤマトに北陸から継体天皇が迎えられる

第25代・武烈天皇が崩御すると、ヤマトでは皇統を継ぐ皇族がいない状況が生じました。

皇統断絶の危機に際し、大連の大伴金村は丹波国（現・兵庫県・京都府の一部）にいた仲哀天皇の5世の孫・倭彦王に迎えの使者を出すものの、王が逃亡。行方をくらましてしまいます。

続いて白羽の矢を立てたのが、応神天皇の5世孫で越（越前）にいた男大迹王でした。すでに57歳になっていた王は当初断ろうとしますが、来訪した大伴金村と物部麁鹿火の懇願を受け、受諾を決意します。

翌507年に樟葉宮（大阪府枚方市）で即位し、継体天皇となりますが、その後はなぜか周辺の宮を転々とし、大和入りまでに20年の歳月を要しています。地方出身の異例の天皇であることが、大和の豪族から警戒されたと考えられています。

実は大和に5年間しかいなかった初の地方出身の天皇

即位すると間もなく、継体天皇は第24代・仁賢天皇の娘・手白香皇女を皇后に迎えました。まず前王朝の「入り婿」になることで、皇位継承の正当性を担保したのです。

かくして526年、ようやく大和入りした継体天皇は、磐余玉穂宮（現・奈良県桜井市）に遷座します。

翌年には百済の要請で朝鮮半島への援軍を九州北部に送った際、百済を圧迫する新羅と通じた筑紫君磐井の乱が勃発、物部麁鹿火の活躍で何とか平定しました。

継体天皇の崩御は531年（『日本書紀』による）、皇子の勾大兄皇子（後の安閑天皇）に譲位した同日のことといいます。大和で政務を執ったのはわずか5年間のことでした。

事件の現場を覗く！

今城塚古墳 ▶▶▶ 継体天皇のほんとうの墓とされる、大阪府高槻市の前方後円墳。

北陸からやってきた皇位継承者

応神天皇5世の孫とされる継体天皇は、北陸に拠点を置く皇族のひとりであったとされる。

近江国三尾野で誕生し、母の故郷である越の国高向(近江説もあり)で育てられる。
越
大伴金村らに招かれ畿内へ
継体天皇を巡る系図
24 仁賢
振媛
彦主人王
25 武烈
手白香皇女
26 継体
目子媛(尾張氏女)
29 欽明
28 宣化
27 安閑
即位した継体天皇は、尾張氏の娘との間に2人の皇子を、また先代武烈天皇の妹との間にも皇子をもうけた。
若狭
息長氏
琵琶湖
近江
山背(山城)
尾張
尾張氏
518年 弟国宮(おとくにのみや)に遷都。
511年 筒城宮(つつきのみや)に遷都。
伊賀
526年 磐余玉穂宮(いわれたまほのみや)に遷都。
507年 樟葉宮で即位。
伊勢
継体天皇の推定勢力圏
宮処の変遷

継体天皇の擁立に尽力した大伴金村の氏族、
大伴氏は、その後どのような運命をたどったのでしょうか？

歴史を動かした豪族

大伴氏

失政の責任を取らされて失脚するが、壬申の乱の賭けに成功し、復活を遂げる

大伴氏のルーツは神話時代にさかのぼり、瓊瓊杵尊の天孫降臨に従って天降った天忍日命が始祖とされます。

その後裔にあたる日臣命が神武東征に際して先鋒を務めたとされ、大伴氏は神話時代から天皇家と深い関わりを持つヤマト王権きっての名族といえるでしょう。

そうした大伴氏盛衰のキーマンとなったのが、大伴金村です。継体天皇の即位に尽力した金村でしたが、512年、同盟国の百済から日本の影響下にある任那の4県の割譲を求められると、五経博士の交替派遣を条件に応じます。

この判断が彼の運命をわけました。

時は下って540年、欽明天皇の難波行幸に従った際、大連・物部尾輿にかつての4県割譲を失政と糾弾されてしまうのです。

この時代、任那は四県割譲で日本に不信感を抱き、百済と敵対する新羅に接近していました。反論の余地のない金村は邸宅に籠って政治から身を退きます。雄略朝から続いた大連の大伴氏は表舞台から姿を消したのでした。

壬申の乱で復活した神話時代から天皇家一筋の名族

金村の失脚以来、物部氏、蘇我氏に次ぐ地位に甘んじてきた大伴氏の復権は、672年の壬申の乱の折のことでした。

大伴馬来田・吹負兄弟が大海人皇子の挙兵に呼応して大和で決起。戦局を左右する大きな戦果を挙げました。この功績により、大伴氏は朝廷に復帰し、なかでも一族の安麻呂、その子・旅人が大納言まで昇進しています。

旅人は歌人としても知られましたが、その子の家持は中納言まで出世する一方、『万葉集』の編纂者を務め、三十六歌仙のひとりに数えられる文化人として後世に名を残しました。

豪族
メモ

勢力の中心地● 大和国磯城郡（奈良県桜井市、橿原市）など

始祖● 天忍日命／種別● 神別（天神）／氏姓● 大伴連

著名な人物● 大伴金村、大伴旅人、大伴家持

系譜で読み解く大伴氏の興亡

物部氏とともにヤマト政権を支えてきた大伴氏は、金村が継体天皇擁立に貢献するも、物部・蘇我両氏によって失脚。その後は孝徳朝を経て壬申の乱で復権を果たした。

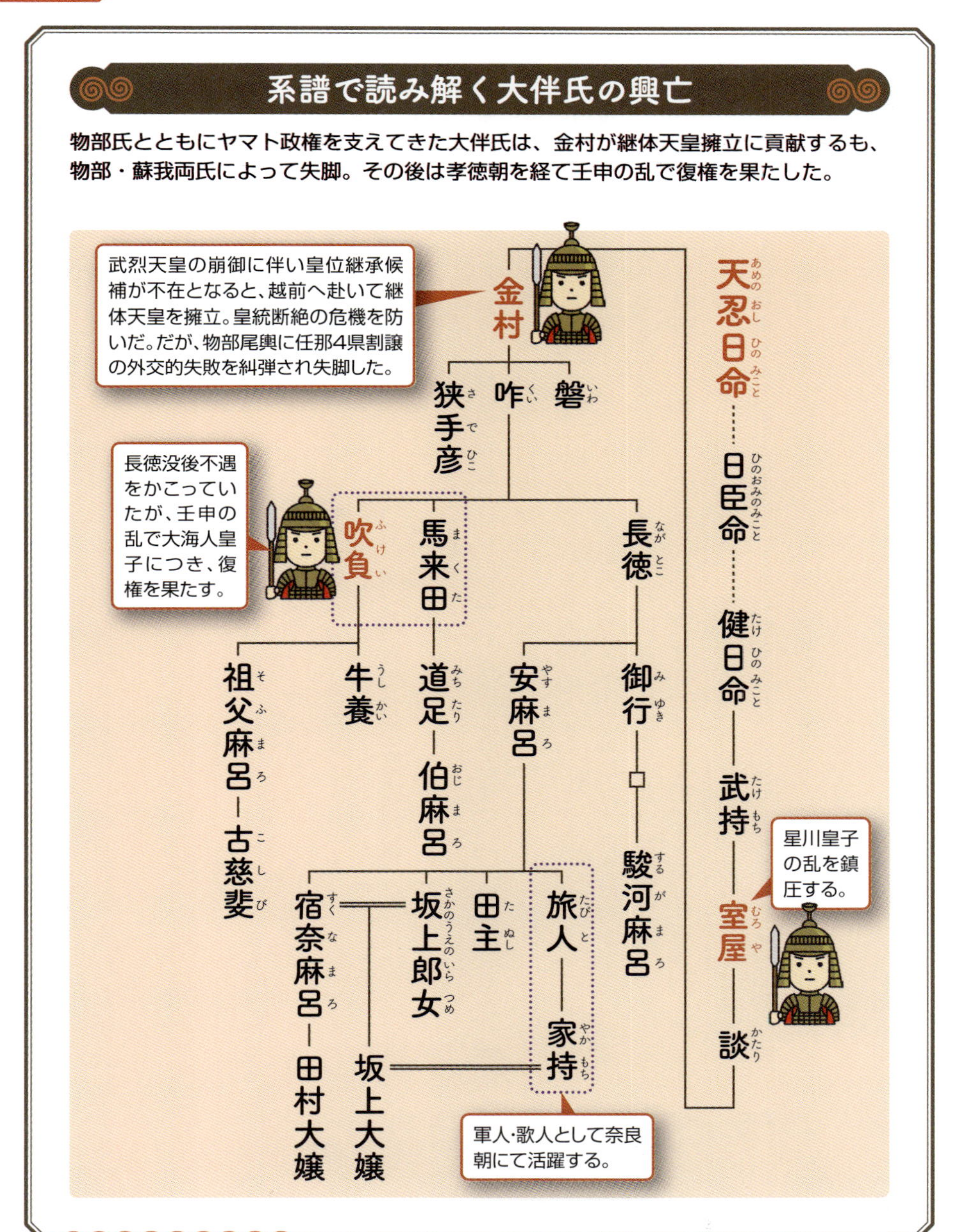
武烈天皇の崩御に伴い皇位継承候補が不在となると、越前へ赴いて継体天皇を擁立。皇統断絶の危機を防いだ。だが、物部尾輿に任那4県割譲の外交的失敗を糾弾され失脚した。
金村
狭手彦
咋
磐
天忍日命
日臣命
健日命
武持
室屋
談
星川皇子の乱を鎮圧する。
長徳没後不遇をかこっていたが、壬申の乱で大海人皇子につき、復権を果たす。
吹負
馬来田
長徳
祖父麻呂
古慈斐
牛養
道足
伯麻呂
安麻呂
御行
駿河麻呂
宿奈麻呂
田村大嬢
坂上郎女
坂上大嬢
田主
旅人
家持
軍人・歌人として奈良朝にて活躍する。

その後どうなった？

弘仁14年（823）、淳和天皇の即位に伴い、天皇の諱「大伴」と重なるのを避けて伴氏と改称します。しかし、応天門の変で伴善男が失脚して以降、平安時代を通じて藤原氏に押され、振るいませんでした。

古代史
重大事件

磐井の乱

朝鮮半島遠征最前線の九州で、筑紫君を中心とする豪族たちが決起する

継体天皇の即位を巡ってヤマト政権が混乱する間、朝鮮半島情勢は緊迫化していました。日本の軍事力を背景に新羅に対抗していた任那が、日本の関与が手薄になると新羅に接近し、日本の権益を脅かすようになったのです。

そこで527年、近江毛野を将軍とする6万の新羅遠征軍を派遣したヤマト政権でしたが、九州北部に勢力を張る豪族・筑紫君磐井が周辺豪族と結んで物資を奪うなど、遠征軍へ妨害行為に及びます。磐井は政権からの自立を宣言し、筑紫・火・豊を押さえると、海路をも塞いでしまったのです。磐井の乱の勃発でした。

当時の北九州勢力は半独立の状態にあり、『日本書紀』では、磐井は新羅からの賄賂で反乱に及んだとしています。磐井の造反の報に接したヤマト政権は、物部麁鹿火を大将軍とする追討軍を派遣します。

528年11月、磐井軍とヤマト政権軍は筑紫御井郡（現・福岡県小郡市・三井郡付近）で決戦となり、磐井が敗北します。鎮圧までに1年半を要した大反乱でした。

磐井の大反乱の結果、地方支配が強化される

こうした反乱の背景には、4世紀後半から続いた朝鮮半島遠征が、北九州の豪族たちに長く負担を強いてきたことが指摘されています。また5世紀後半以降にはヤマト政権が安定して地方支配が強化され、北九州の豪族たちの間に不満が広がっていたのです。

ヤマト政権は磐井の乱のような大規模反乱の教訓から、直接的な地方支配に乗り出すと、国造を中央から派遣し、支配を任せる国造制、各地に王家の直轄領を置く屯倉制を、国の制度として整えます。こうしてヤマト政権は、中央集権的な全国支配を本格化させていきました。

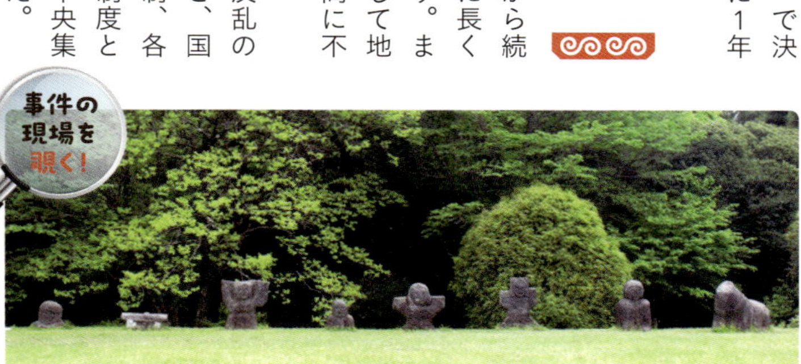
事件の現場を覗く!

岩戸山古墳 ▶▶▶ 石人像で飾られ、磐井の墓と伝わる福岡県八女市の岩戸山古墳。

ヤマト政権を震撼させた磐井の乱

527年、任那救援軍が派遣された矢先、九州において筑紫君磐井が反旗を翻す。北九州の豪族がこれに同調したため、戦禍は九州北部全域に広がった。

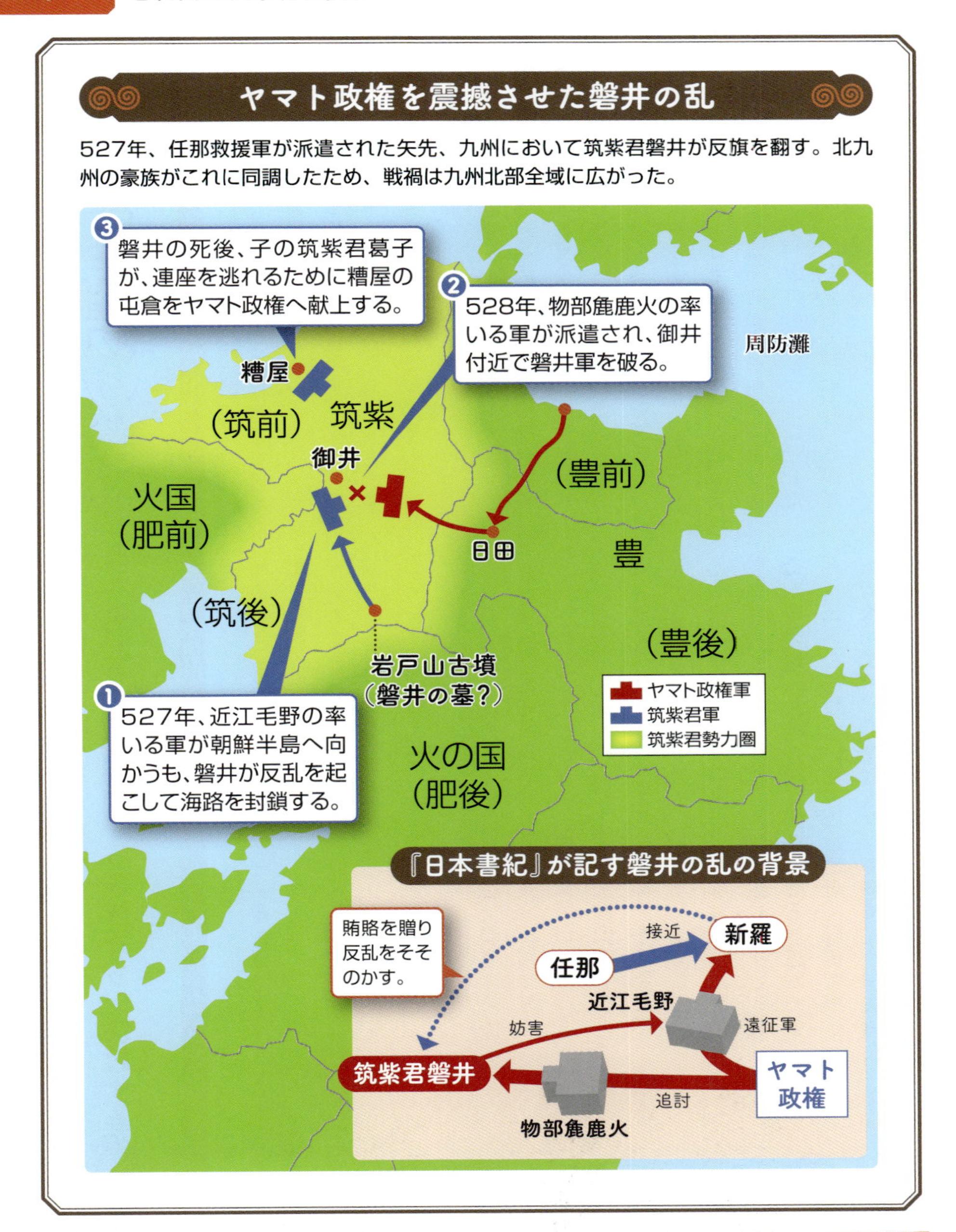

③ 磐井の死後、子の筑紫君葛子が、連座を逃れるために糟屋の屯倉をヤマト政権へ献上する。
② 528年、物部麁鹿火の率いる軍が派遣され、御井付近で磐井軍を破る。
周防灘
糟屋
（筑前）
筑紫
御井
（豊前）
火国
（肥前）
日田
豊
（筑後）
（豊後）
岩戸山古墳
（磐井の墓？）
ヤマト政権軍
筑紫君軍
筑紫君勢力圏
① 527年、近江毛野の率いる軍が朝鮮半島へ向かうも、磐井が反乱を起こして海路を封鎖する。
火の国
（肥後）
『日本書紀』が記す磐井の乱の背景
賄賂を贈り反乱をそそのかす。
接近
新羅
任那
近江毛野
妨害
遠征軍
筑紫君磐井
ヤマト政権
追討
物部麁鹿火

大反乱を引き起こして継体天皇を震撼させた筑紫君とはどんな氏族だったのでしょうか？

歴史を動かした豪族

筑紫君（つくしのきみ）

朝鮮半島の諸国と深い関わりを持った北九州の有力豪族

磐井の乱を起こした筑紫君は一体どのような豪族だったのでしょうか。

筑紫君は、中央でヤマト政権に仕える物部・大伴などの豪族と異なり、地方に割拠する大豪族のひとつでした。磐井自身は、筑紫平野一帯を本拠地として、九州北部から中部にかけて勢力を張り、筑紫国造に任じられた人物です。

福岡県八女市の岩戸山古墳は、この磐井の墓とされ、石人像が立ち並ぶ特徴を持っています。また石棺は阿蘇石製の横口式家形石棺でした。

この岩戸山古墳に共通した特徴を持つ古墳が、岩戸山古墳が築かれるまでの100年にわたって、有明海沿岸地方に築造されており、磐井の影響力をうかがい知ることができます。

ヤマト政権とも交流が深かった大豪族
地理的にも深い朝鮮半島との交流

そうした磐井と、当時のヤマト政権との関係を知るうえで興味深いのが、次のエピソードです。

磐井の乱の際、近江毛野と対峙した際に磐井が発した、「昔は同じ釜の飯を食った仲ではないか」という言葉が、『日本書紀』に残っているのです。

これは地方豪族の子弟が、中央に一時的に出仕していたことを示すものとされています。

やがて磐井の乱が鎮圧されると、筑紫君の一族は衰退しますが、『日本書紀』の欽明天皇15年（554）12月の記事に、百済の王子・余昌（よしょう）を新羅兵から救った人物として「筑紫国造」が登場しています。

磐井の乱以降、ヤマト政権に忠誠を尽くし続けた筑紫君一族は、地理的に朝鮮半島に近かったため、その後もヤマト政権の外交や軍事、貿易などを助け、非常に重要な役割を果たし続けたといえるでしょう。

豪族メモ

勢力の中心地● 筑紫国（筑紫平野一帯）
始祖● 大彦命／種別● 皇別／氏姓● 筑紫君
著名な人物● 筑紫君磐井、葛子、筑紫君薩野馬

九州の豪族と磐井の勢力圏

有明海沿岸には筑紫君磐井の墓とされる岩戸山古墳と同じく、石人石馬類が置かれた古墳が点在しており、磐井の影響力をうかがうことができる。

玄界灘
宗像大社
胸肩君
（宗像君）
周防灘
筑前
（豊前）
石人山古墳
（肥前）
筑後
水沼君
筑紫君
豊
筑後川
岩戸山古墳
大分君
火国
阿蘇君
有明海
（豊後）
江田船山古墳
阿蘇山
火君
（肥君）
（肥後）
日向
日向諸県君
葦北君
石人石馬類発見古墳
九州の主な国造

その後どうなった？

中大兄皇子が派遣した百済再興を目指す援軍のなかにも、筑紫君薩野馬の名前を見ることができます。彼は663年の白村江（はくそんこう）の敗戦から8年後に帰国しており、唐軍の捕虜になっていたことがわかります。

古代史重大事件

仏教伝来

崇仏派蘇我氏の勝利により仏教信仰の受容が始まる

『日本書紀』では、欽明天皇の時代の552年、百済の聖明王が仏像と経典を日本に献上し、仏教が伝来したとしています。実際はこれより少し前の538年のこととされますが、以後、仏教の受容を巡り蘇我・物部という二大豪族の間で激しい対立が生じました。

日本古来の神々の祭祀を司ってきた物部氏は、「仏を祀れば古来の神々がお怒りになる」として受容に反対。それに対し5世紀頃から台頭してきた新興豪族である蘇我氏は、仏教受容は大陸文化の導入と切り離せず、新しい時代に必要と主張します。両者の対立は大連・物部尾輿と大臣・蘇我稲目の時代に始まり、次代の守屋・馬子へと持ち越されました。

権力闘争と結びついた蘇我・物部の崇仏論争

ただしこの争いは、純粋な信仰によるものではありませんでした。

敏達天皇が崩御すると、31代・用明天皇が即位します。用明天皇は蘇我稲目の娘・堅塩媛を母とし、蘇我氏の血を引く初の天皇でした。一方の物部氏は皇位を望む穴穂部皇子（堅塩媛の妹・小姉君の子）に接近。皇位継承を巡る権力闘争が絡み始めたのです。

しかし、穴穂部皇子は不祥事を繰り返し、支持を失っていきました。用明天皇が即位から2年も経ずに崩御すると、蘇我馬子は頃合とみて穴穂部皇子を暗殺。さらに炊屋媛（敏達天皇の皇后）の詔を奉じて物部追討軍を編成します。

ほとんどの皇族、豪族が蘇我馬子の軍勢に参加し、蘇我氏はついに物部氏の討滅に成功。ヤマト政権の実権を握った馬子は、32代・崇峻天皇を即位させ、日本初の本格的仏教寺院・飛鳥寺を建立するなど、仏教文化の導入を本格化させていきました。

事件の現場を覗く！

飛鳥寺 ▶▶▶「飛鳥大仏」の通称で親しまれる飛鳥寺の本尊・釈迦如来坐像。

蘇我氏・物部氏の崇仏論争

ヤマト政権内において勢力を二分していた蘇我氏と物部氏は、仏教の受容の是非を巡る対立をきっかけに武力衝突へといたる。ただし、仏教反対派のはずの物部氏の勢力圏であった大阪府八尾市渋川町で当時の寺院跡（渋川廃寺跡）が発見され、両者の対立はあくまで権力闘争であった可能性が浮上している。

琵琶湖
摂津
近江
巨椋池
山背
河内
大和
難波津
難波の堀江
渋川郡
三輪山
石川
飛鳥
葛城山
④二度目の破仏（585年）
国内に疫病が流行する。物部守屋らは原因を馬子の仏教信仰にあるとし、馬子の仏殿を焼き、仏像を難波の堀江に投棄する。
②一度目の破仏（552年）
疫病が流行。物部尾輿らはこれを神の祟りとして仏像を難波の堀江に投棄し、寺を焼く。
⑤衣摺（きずり）の戦い（587年）
用明天皇の没後、皇位継承を巡って蘇我馬子と物部守屋が衝突。蘇我方は物部守屋の居館を攻め、これを滅ぼす。
③馬子の崇仏（584年）
蘇我馬子が石川の自宅に仏殿を建て、司馬達等の娘3名を出家させ、百済から請来した石仏を安置する。
①崇仏の始まり（552年）
蘇我稲目が欽明天皇から仏像を授かり、向原（むくはら）の自邸に安置する。

仏教を日本に浸透させた蘇我氏とは、どのような豪族なのか？
謎に包まれた出自とその権力の源泉に迫ります。

歴史を動かした豪族

蘇我氏

飛鳥時代を牛耳った開明的な官僚一族

ヤマト政権を支える豪族のなかで、いち早く仏教受容を唱えた蘇我氏。「豪族」と聞いて、多くの人が思い浮かべるのもこの一族ではないでしょうか。

その始祖は、第8代孝元天皇の玄孫で、武内宿禰の子・蘇我石川宿禰といわれます。『古語拾遺』には、この石川宿禰の子・蘇我満智が政権の蔵の管理を任されたとあり、財政を握ったことが蘇我氏台頭の契機となったと考えられています。

稲目に至る系譜は伝説の域を出ませんが、6世紀の宣化朝において、蘇我稲目が大臣となると、以後、蘇我氏は躍進を遂げ、稲目の子・馬子がヤマト政権内で権勢を確立するに至ります。

悪役にされた蘇我氏の消された功績とは？

とはいえ蘇我氏というと、「天皇をないがしろにした権力者」のイメージがついて回ります。

馬子は聖徳太子の没後、推古天皇に所領を要求し、蝦夷・入鹿父子に至っては、山背大兄王の謀殺をはじめ、大王家を蔑ろにする行為を繰り返したと『日本書紀』にあり、これが近年まで蘇我氏のイメージとして定着してきました。

しかし実際の蘇我氏は渡来人とつながりの深い開明的な豪族で、とくに稲目・馬子・蝦夷・入鹿の本宗家4代は、政権の財政基盤強化や戸籍作成、仏教受容など功績も多く、鋭い時代感覚を備えた一族でした。

にもかかわらず悪役のイメージが植え付けられたのは、645年の乙巳の変において蘇我氏を打倒した中大兄皇子らが暗殺を正当化したためと見られています。

その後は蝦夷・入鹿を裏切った同族が主流に。蝦夷の弟・倉麻呂の家系から連子、赤兄、果安が大臣となり朝廷で重きをなしました。

豪族メモ

勢力の中心地● 大和国高市郡蘇我邑（奈良県橿原市曽我町）

始祖● 蘇我石川宿禰／種別● 皇別／氏姓● 蘇我臣

著名な人物● 蘇我馬子、蘇我入鹿、蘇我倉山田石川麻呂

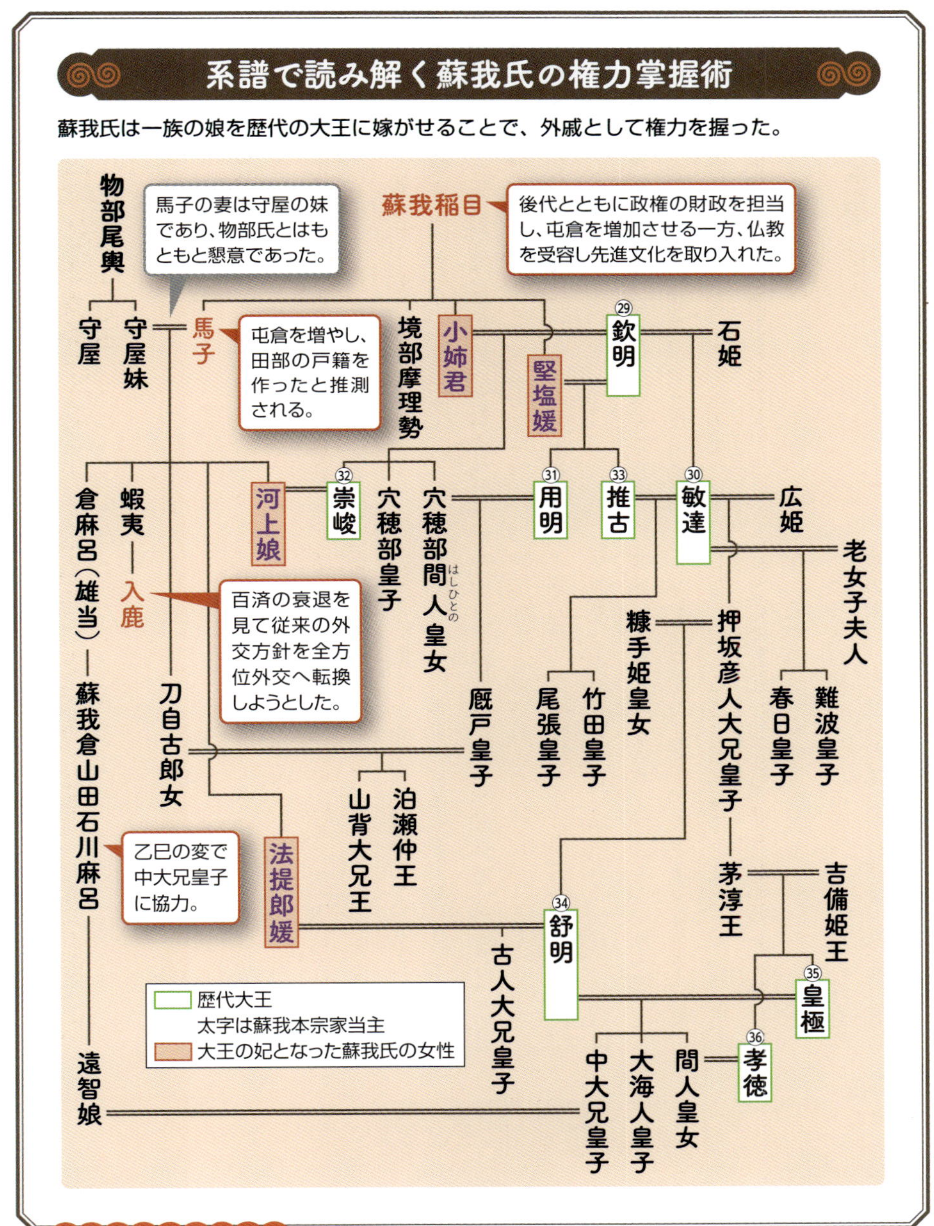
系譜で読み解く蘇我氏の権力掌握術
蘇我氏は一族の娘を歴代の大王に嫁がせることで、外戚として権力を握った。
物部尾輿
馬子の妻は守屋の妹であり、物部氏とはもともと懇意であった。
蘇我稲目
後代とともに政権の財政を担当し、屯倉を増加させる一方、仏教を受容し先進文化を取り入れた。
守屋
守屋妹
馬子
屯倉を増やし、田部の戸籍を作ったと推測される。
境部摩理勢
小姉君
堅塩媛
29 欽明
石姫
倉麻呂（雄当）
蝦夷
入鹿
河上娘
32 崇峻
穴穂部皇子
穴穂部間人皇女
はしひとの
31 用明
33 推古
30 敏達
広姫
老女子夫人
百済の衰退を見て従来の外交方針を全方位外交へ転換しようとした。
糠手姫皇女
押坂彦人大兄皇子
蘇我倉山田石川麻呂
刀自古郎女
厩戸皇子
尾張皇子
竹田皇子
春日皇子
難波皇子
山背大兄王
泊瀬仲王
法提郎媛
乙巳の変で中大兄皇子に協力。
茅渟王
吉備姫王
34 舒明
古人大兄皇子
35 皇極
歴代大王
太字は蘇我本宗家当主
大王の妃となった蘇我氏の女性
36 孝徳
遠智娘
中大兄皇子
大海人皇子
間人皇女

その後どうなった？

天武朝以降は、連子の子・安麻呂が「石川朝臣」と改姓して上級氏族に列しますが、奈良時代以降は没落しました。ただし、不比等が連子の娘を妻とし、武智麻呂、房前、宇合をもうけており、その権威は生き続けたようです。

古代史
重大事件

聖徳太子の政治

三頭政治のなかで次々に施行された「聖徳太子」の諸政策

物部氏との争いに勝利した蘇我馬子の後押しを受けて即位した崇峻天皇（泊瀬部皇子）でしたが、自身に権力を集中させる馬子に不満を抱き、暗殺を匂わせたことで、逆に馬子の手によって592年に暗殺されてしまいます。

安康天皇暗殺とは異なり、今回は臣下による暗殺という大王家の威信を傷つける事態でした。

ここで馬子が次期天皇として白羽の矢を立てたのが、皇族の長老格だった炊屋媛。日本初の女性天皇・推古天皇の誕生でした。

さらに用明天皇の子である厩戸皇子が皇太子とされ、摂政に就任。厩戸皇子が政策を立案し、蘇我馬子・推古天皇の承認のもとで推し進める形で、三頭政治が展開されました。

厩戸皇子による国家改造計画

厩戸皇子は、まず冠位十二階を制定（603年）し、個人の才能と功績に応じて冠位を与えることで、高位の姓の有力豪族が政治を独占するこれまでの制度を打破し、姓に捉われることなく優秀な人材を登用する道を開きました。

さらに十七条憲法を制定（604年）して、官僚の職務に関する道徳的規範を定めています。ヤマト政権が朝廷としての体裁を整えたのもこの頃のこととされます。

その他、法隆寺建立などの仏教振興策を進めて先進文化を取り入れる一方、607年には小野妹子を遣隋使として派遣し、中国王朝との国交を樹立することで、大王家の権威を回復させました。この時隋の煬帝に送った国書「日出ずる処の天子、書を日没するところの天子に致す」の文面は、あまりに有名です。

こうした諸政策によって、低下していた大王家の威信が回復。同時に中央集権化が推し進められていきました。

事件の現場を覗く!

古宮土壇 ▶▶▶ 推古天皇の小墾田宮の推定地のひとつ古宮遺跡。

推古朝の政治体制と諸政策

推古朝では蘇我馬子と厩戸皇子が中心となって中央集権化を進める諸政策が実行された。かつては聖徳太子が蘇我氏など豪族の力を抑える目的で行ったとされたが、現在は否定されている。

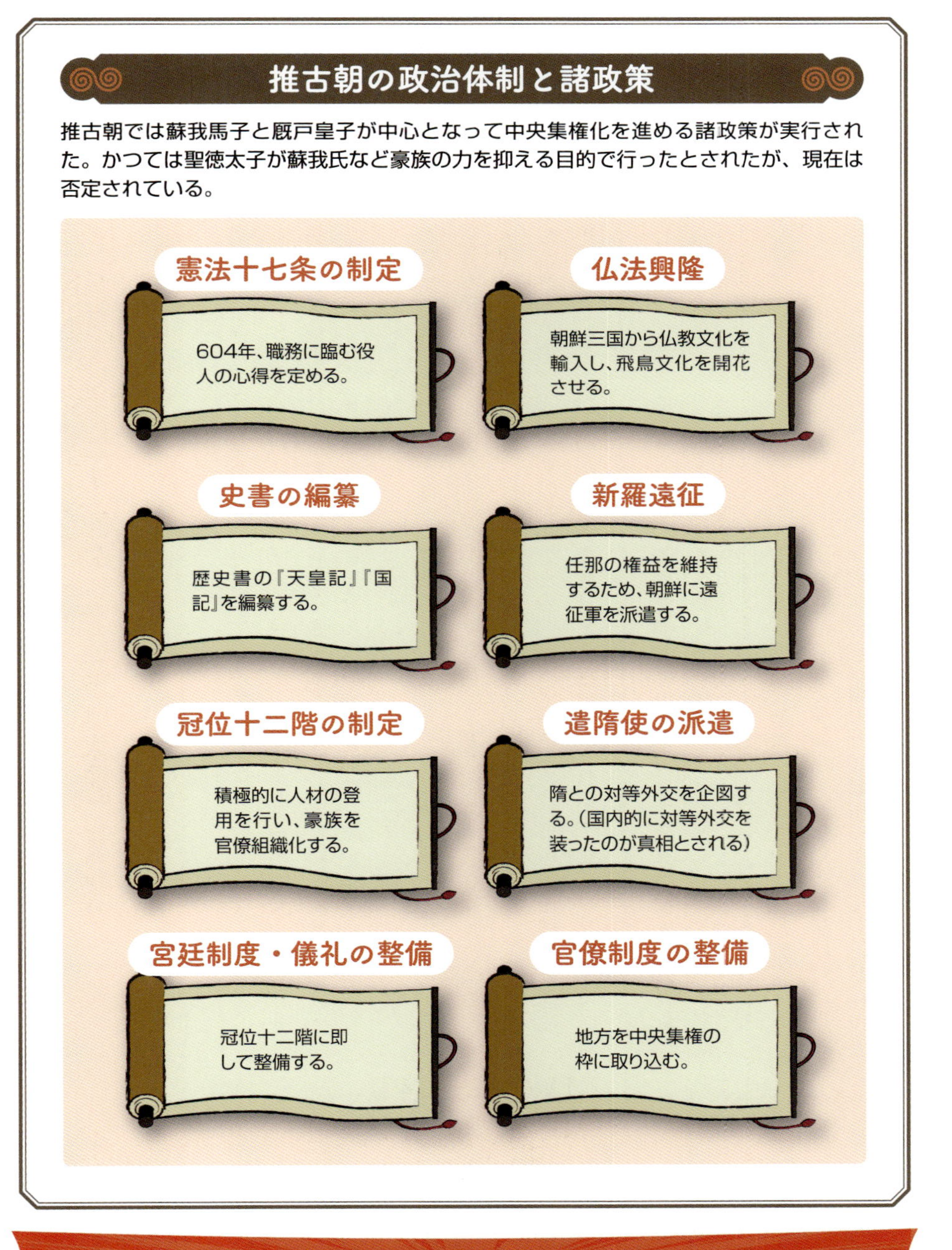
憲法十七条の制定
604年、職務に臨む役人の心得を定める。
仏法興隆
朝鮮三国から仏教文化を輸入し、飛鳥文化を開花させる。
史書の編纂
歴史書の『天皇記』『国記』を編纂する。
新羅遠征
任那の権益を維持するため、朝鮮に遠征軍を派遣する。
冠位十二階の制定
積極的に人材の登用を行い、豪族を官僚組織化する。
遣隋使の派遣
隋との対等外交を企図する。(国内的に対等外交を装ったのが真相とされる)
宮廷制度・儀礼の整備
冠位十二階に即して整備する。
官僚制度の整備
地方を中央集権の枠に取り込む。

大きな転機となった厩戸皇子・蘇我馬子・推古天皇の三頭政治ですが、実は厩戸皇子の後ろ盾となった豪族が存在しました。

歴史を動かした豪族

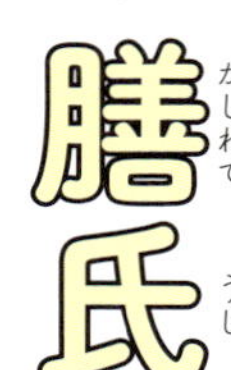

膳氏

酒と料理を司り、軍事・外交にも活躍した氏族

厩戸皇子が推古朝の政治のなかで主導権を発揮できた背景には、妃のひとりである菩岐岐美郎女の父・膳臣傾子の存在がありました。

当時の皇族の慣習に漏れず、厩戸皇子にも複数の妃がいましたが、そのなかで最も愛されたとされるのが菩岐々美郎女で、皇子は彼女との間に、舂米女王など8人の子をもうけたと言われています。

妹の比里古郎女も厩戸皇子の弟・久米皇子の妃となっており、膳氏と厩戸皇子の密接な結びつきをうかがうことができます。

豪族としては衰えるが、料理に徹した一族

皇子の後ろ盾となった膳氏は、来朝した新羅や任那の使者を迎える儀式を取り仕切るなど、厩戸皇子の政治活動を支えました。また、膳氏が本拠としたのも厩戸皇子がのちに拠点を移した斑鳩でした。

膳氏は大王の食饌を調理する職掌により奉仕した氏族で、古くは『日本書紀』の景行天皇53年（123）の記事に、上総国の海で天皇が自ら得たハマグリを、膳氏の遠祖の磐鹿六鴈が「膾」に調理して献上したとあります。

雄略天皇2年（458）、雄略天皇が「宍人部」を設置した際には、皇太后・忍坂大中姫の推挙によって膳臣長野が宍人部の長に任命されました。

宍人部とは主に肉料理を担当する部門で、膳臣長野の指導のもと、宍人部の料理人たちはその職務を遂行したようです。

さらに雄略天皇の時代には料理関係だけでなく、膳臣斑鳩が朝鮮半島に渡り、ほかの豪族とともに高句麗軍を撃破したと『日本書紀』に記され、外交や軍事にも関わっていたことがわかります。

豪族メモ

勢力の中心地● 大和国十市郡香具山村大字膳夫（奈良県橿原市膳夫町）

始祖● 磐鹿六鴈命／種別● 皇別／氏姓● 膳臣

著名な人物● 膳長野、膳傾子、菩岐々美郎女

厩戸皇子を支えた膳氏

膳氏は斑鳩を本拠地にしており、厩戸皇子と領地が隣接していたともいわれる。そうした縁から厩戸皇子と姻戚関係を結び、以降経済的援助を行うようになったようだ。

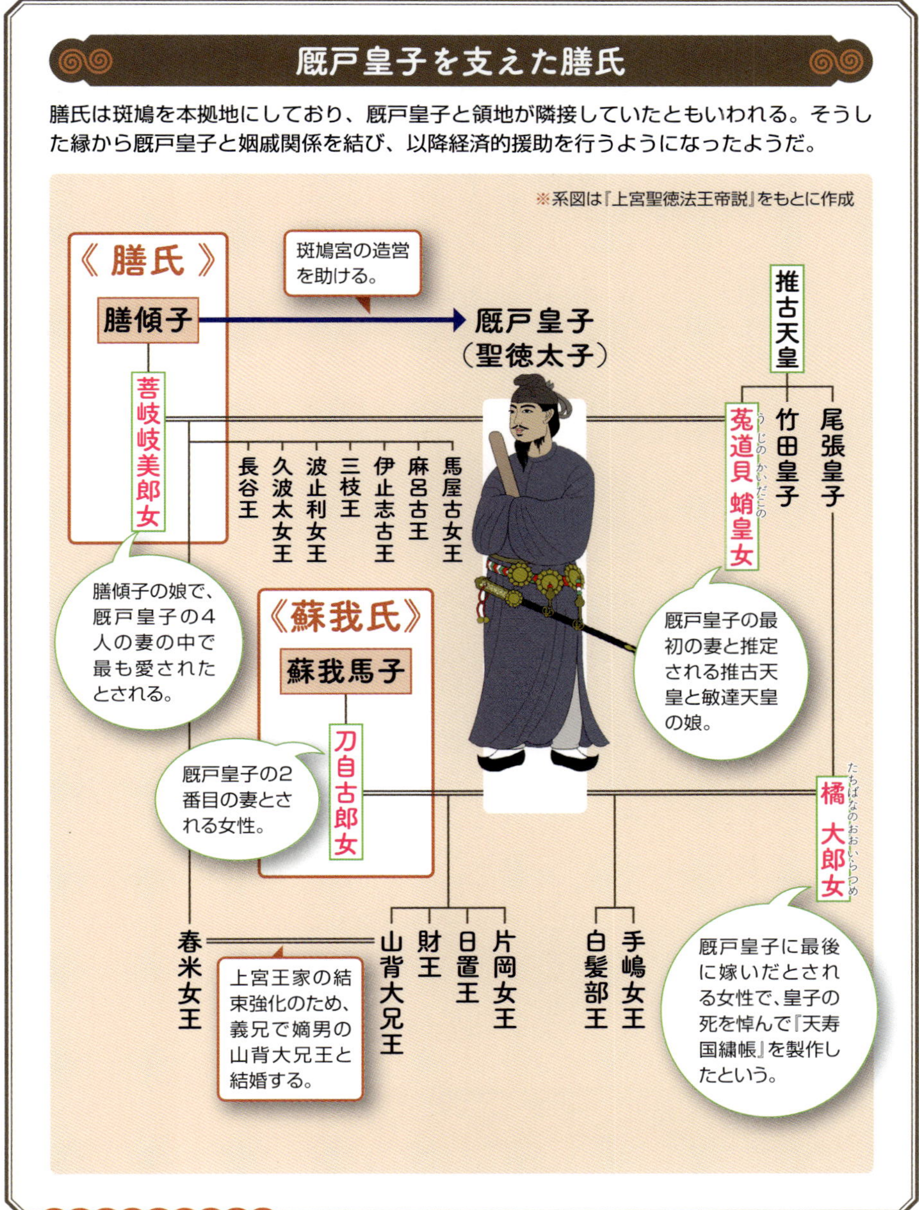
※系図は『上宮聖徳法王帝説』をもとに作成
《膳氏》
膳傾子
菩岐岐美郎女
斑鳩宮の造営を助ける。
厩戸皇子（聖徳太子）
推古天皇
菟道貝蛸皇女
竹田皇子
尾張皇子
長谷王
久波太女王
波止利女王
三枝王
伊止志古王
麻呂古王
馬屋古女王
膳傾子の娘で、厩戸皇子の4人の妻の中で最も愛されたとされる。
《蘇我氏》
蘇我馬子
刀自古郎女
厩戸皇子の最初の妻と推定される推古天皇と敏達天皇の娘。
厩戸皇子の2番目の妻とされる女性。
橘大郎女
春米女王
山背大兄王
財王
日置王
片岡女王
白髪部王
手嶋女王
上宮王家の結束強化のため、義兄で嫡男の山背大兄王と結婚する。
厩戸皇子に最後に嫁いだとされる女性で、皇子の死を悼んで『天寿国繍帳』を製作したという。

その後どうなった？

天武天皇の時代になると、膳氏は高橋氏に改称したと記録されています。律令国家にあっては、宮内省の「内膳司」に所属し、天皇の食事の調理や毒見を担う「奉膳」の役職を務めました。

古代史重大事件

乙巳の変

専横を極める蘇我氏を倒した政変劇の真実

推古天皇が崩御した後、629年に甥である田村皇子が舒明天皇として即位しました。

すでに622年には厩戸皇子も没しており、三頭政治のバランスが崩れたことで、朝廷は蘇我氏の独裁状態に陥ります。

厩戸皇子の子である山背大兄王は、長い間皇位継承を望んでいました。

しかし、蘇我入鹿は舒明天皇の第一皇子で、自らの妹（法堤郎媛）の子である古人大兄皇子を次期天皇に擁立するため、舒明天皇の没後に皇后の宝皇女を皇極天皇として即位させると、643年には山背大兄王を自害に追い込んでしまいます。

こうした蘇我氏の専横に対して立ち上がったのが舒明天皇と皇極天皇の第一皇子である中大兄皇子でした。

皇子は側近となった中臣鎌足と共謀し、645年、宮廷内の儀式の最中に入鹿を暗殺します。これを知った入鹿の父・蝦夷は勝利の見込みがないと判断し、自邸に火を放ち自害。この「乙巳の変」により、蘇我氏の本宗家は滅亡しました。

中大兄皇子を支え大化改新を推進した中臣鎌足

中大兄皇子と中臣鎌足は、その後大規模な改革を実施し、中国の先進的な政治制度や文化を日本に取り入れました。「大化改新」と呼ばれる一連の改革では、主に次のような政策が行われました。

・土地や民を国家が直接支配する公地公民制
・公民に口分田を与える班田収授法の試行
・全国を国と郡に分ける国郡制度の導入
・租・庸・調などの新たな税制の確立

これらの改革によって、中大兄皇子と中臣鎌足は律令国家の基盤を築いていったのです。

事件の現場を覗く！

飛鳥板蓋宮跡 ▶▶▶ 蘇我入鹿暗殺の舞台となった飛鳥板蓋宮跡。

乙巳の変関連地図

皇極天皇4年（645）6月、蘇我氏の専横を憂う中大兄皇子らによって、蘇我氏打倒のクーデターが決行された。翌日には蝦夷が邸宅に火を放って自害し、蘇我氏の時代が終焉を迎える。

豊浦寺
飛鳥川
水落遺跡
甘樫丘
飛鳥寺
6月13日、入鹿を殺した中大兄皇子は飛鳥寺にて、蝦夷を討つ準備をする。
蘇我蝦夷・入鹿邸
6月13日、蝦夷は自宅に放火して自殺。
飛鳥池工房遺跡
川原寺
飛鳥板蓋宮
6月12日、三韓進調の儀式の最中に、中大兄皇子、中臣鎌足、蘇我石川麻呂らが蘇我入鹿を暗殺する。
橘寺
島庄遺跡
石舞台古墳
乙巳の変の舞台
蘇我氏の関連遺跡

中大兄皇子の腹心として改革を支えた中臣鎌足。彼が出自とする中臣氏とはどのような一族だったのでしょうか？

歴史を動かした豪族

中臣氏（なかとみうじ）

崇仏論争に敗れて没落するも、復権を果たした祭祀一族

中大兄皇子を支えた中臣鎌足を輩出した中臣氏は、代々宮廷祭祀を担当する有力な豪族で、大臣・大連に次ぐ「大夫（まえつきみ）」に位置付けられていました。

氏神の枚岡（ひらおか）神社が鎮座する河内国河内郡（かわちのこおり）を本拠地とするほか、摂津国三嶋郡（現・大阪府高槻市、茨木市周辺）や、常陸国の鹿島神宮、下総国の香取（かとり）神宮も拠点としていました。

中臣氏の始祖は、記紀神話の天岩戸神話で、岩戸の前で祝詞（のりと）を読み上げた天児屋命（あめのこやねのみこと）とされ、天孫降臨にもこの神の名が見られます。

そうした来歴から、仏教伝来に際しては、物部氏とともに中臣鎌子と次代の勝海（かつみ）が物部氏と共に仏教の受容に一貫して反対しました。

藤原氏となった鎌足の系譜と中臣氏として残った系譜

しかし、587年に廃仏派の急先鋒であった物部守屋が討たれて物部氏が滅亡すると、この戦いで勝海も戦死し、中臣氏は没落。鎌足の父・中臣御食子（みけこ）はヤマト政権の中枢から遠ざかります。

そうしたなかで中臣氏復権の転機となったのが、645年の乙巳の変だったのです。事変における功績により、「内臣（うちつおみ）」に抜擢された鎌足は、最晩年に天智天皇より藤原（ふじわら）姓を賜りました。

ただし、ここですべての中臣氏が藤原姓になったわけではありません。

鎌足の没後は、壬申の乱（672年）で大友皇子側について処刑された中臣金（かね）を経て、天武朝で活躍した大嶋（おおしま）、臣麻呂（おみまろ）など、藤原姓を名乗る者もありました。しかし、鎌足の次男の藤原不比等が藤原姓を継ぐと、文武天皇の時代に不比等の家系だけが藤原姓を名乗ることが詔（みことのり）され、明確に藤原氏と中臣氏が分離したのでした。

豪族メモ

勢力の中心地● 河内国河内郡（大阪府東大阪市周辺）

始祖● 天児屋命／種別● 神別（天神）／氏姓● 中臣連

著名な人物● 中臣勝海、中臣鎌足、中臣金

中臣氏の拠点と系譜

河内・摂津に本拠を置いた中臣氏であるが、東国の鹿島・香取両神宮も氏神としており、もとは東国にあった豪族ともいわれる。
中臣氏の系譜
方子
御食子
国子
糠手子
鎌足
垂目
金
許米
貞慧（定恵）
不比等
臣麻呂
安達
大嶋
東人
清麻呂
諸魚
子老
不比等の家系のみが藤原姓を名乗る。
臣麻呂以降、中臣姓に限定される。
鹿島神宮
常陸国鹿島
鹿島神宮を氏神とする。
摂津国三嶋
本拠
河内国河内郡
枚岡神社を氏神とする。
香取神宮
下総国香取
香取神宮を氏神とする。

その後どうなった？

藤原氏と分離した中臣氏はその後、主に神祇伯として祭祀を担当し続けましたが、政治的な影響力は低下。神護景雲3年（769）に大中臣と改称しました。

古代史重大事件

白村江の戦い

唐の大軍の前に潰えた百済復興の願いと野望

大化改新から間もない660年、朝鮮半島の同盟国・百済が唐・新羅連合軍によって滅亡し、その遺臣たちが日本に救援を求めてきました。時の斉明天皇（皇極天皇の重祚）は、援軍派遣を決断し、翌661年、自ら筑紫（現・福岡県）の本営・朝倉橘広庭宮に向かいますが、7月に同地で没します。この時、政務を担当していた中大兄皇子は母の遺志を継ぎ、翌年、阿曇比羅夫・阿倍比羅夫ら5名を将軍とする第一陣の軍勢を派遣します。

百済復興を目指す百済・日本連合軍と、唐・新羅連合軍は、663年8月、朝鮮半島西岸の白村江で衝突。決戦となります。

しかし、豪族の寄せ集めで統制のとれない遠征軍と、組織的に訓練された中央集権国家の唐水軍とでは勝負になりませんでした。

唐の軍船170隻に対し、日本は400隻以上と数の上では圧倒していましたが、船体の大きな唐の軍船には歯が立たず、体当たりを受けて水没、あるいは火をかけられて沈没し、日本軍は大敗を喫しました。白村江の海は日本兵の血で真っ赤に染まったと伝えられます。

統制の取れた軍隊を作るため、排除された豪族たち

大敗を受けて、日本は、唐・新羅軍が日本に襲来してくるのではないかと震え上がります。

そのため翌年には対馬・壱岐・筑紫などに国境警備隊である防人、のろしをあげるための烽を配置し、筑紫には大宰府を守る水城を築きました。瀬戸内海沿いにも城を築いて守りを固める一方、都も大和から近江へと移しています。

軍制においても改革が行われた結果、有力豪族が排除され、9年後の壬申の乱では、阿曇比羅夫ほか、白村江の戦いに参加した有力豪族の首長の名はほとんど見られなくなりました。

事件の現場を覗く！

酒船石 ▶▶▶ 斉明天皇の時代に飛鳥で製作された石造物のひとつ。

白村江の戦いの経過

663年8月、百済復興を目指す倭（日本）・百済連合軍は白村江で唐・新羅連合軍と戦ったが、大敗を喫した。

高句麗
平壌
日本海
唐軍
新羅
熊津城
新羅軍
白村江
周留城
金城（慶州）
百済
対馬
倭（日本）
難波津
倭軍
阿曇比羅夫が将軍として参加。
那之津（博多津）
朝倉宮
自ら遷幸し遠征の指揮を取った斉明天皇は、661年にこの地で死去した。
熟田津（にきたづ）
斉明天皇に同行した額田王が、同地で詠んだ歌が知られる。
「熟田津に 船乗りせむと 月待てば 潮もかなひぬ 今は漕ぎいでな」

白村江の戦いにおいて日本水軍の主力となった阿曇氏。
海人集団を率いた一族の実力とは？

歴史を動かした豪族

阿曇氏

海産物の貢納を取りまとめ、百済との外交交渉に活躍した一族

海戦である白村江の戦いで、欠かせない存在となったのが水軍です。水軍を率いた将軍のひとり、阿曇比羅夫の氏族・阿曇氏は、『古事記』によれば、黄泉国から戻った伊邪那伎神が、穢れを流すため禊をした際に生まれた底津綿津見神、中津綿津見神、上津綿津見神の「綿津見三神」を祖とすると伝えられています。

これらを祀る志賀海神社（福岡市東区志賀島）から、その本拠地は阿曇郷（福岡市東区と福岡県糟屋郡新宮町付近）一帯にあったと考えられます。当初は筑紫にて海人集団を束ねていた阿曇氏が、ヤマト政権との関係を深め、後に畿内の拠点（摂津国西成郡安曇江）へ移動した可能性があります。

5世紀の履中天皇の時代には、皇位継承争いに敗れた阿曇連浜子が、顔に「入れ墨」を刻まれる屈辱を受けたとも伝わっています。

それでも、海神を祖とする阿曇氏は、代々天皇に海産物を献上する海人の統率役を担ってきました。全国に残る阿曇の地名は、こうした職掌に関係していると思われます。7世紀後半の律令体制下では、宮内省内膳司の奉膳（長官）、典膳（次官）として、天皇の食膳奉仕を高橋氏（膳氏）と共に担当しました。

百済との外交で活躍した海神をルーツとする海の一族

阿曇氏のなかで特筆すべき人物は、7世紀中頃の朝鮮半島情勢のなか、百済救援軍の将として派遣された阿曇比羅夫です。

阿曇連比羅夫は、漁撈民である海人集団を、有事には水軍として活用できるよう育成しました。また水軍の軍事指導者としてだけでなく、外交官としても優れた活躍を見せ、とくに対百済外交に奔走して百済王家と深く結びついていたようです。

豪族メモ

- 勢力の中心地● 筑前国糟屋郡阿曇郷（福岡県東区・同糟屋郡新宮町付近）
- 始祖● 綿津見三神／種別● 神別（地祇）
- 氏姓● 阿曇連
- 著名な人物● 阿曇浜子、阿曇比羅夫

阿曇氏の分布

筑前国に発祥した阿曇氏は、ヤマト政権と接触するなかで畿内に本拠を移した。一方で阿曇氏は全国的な分布がみられ、海産物を貢納した氏族を統括したのが、畿内の阿曇氏だったと考えられる。

信濃国
安曇郡
本拠
摂津国西成郡安曇江に移動。
発祥地
筑前国糟屋郡阿曇郷を発祥地とする海人集団の長だった。
隠岐国
海部郡・知夫郡
播磨国
揖保郡
周防国
吉敷郡
周防国
長登銅山
河内国
摂津国
淡路国
肥前国
沿岸部
豊後国
沿岸部
備中国
浅口郡
阿波国
名東郡
伊予国
伊予郡
阿波国
那賀郡
阿曇氏が分布する国

その後どうなった？

律令制下では膳氏の後身である高橋氏とともに、天皇の食膳調理の監督と毒味を行う職掌を司るようになりました。しかし、次第に高橋氏と対立を深め、789年、朝廷の命によって高橋氏の優越が定められてしまいました。

古代史重大事件

壬申の乱

諸豪族の浮沈を巻き込んだ叔父と甥の皇位継承争い

近江・大津宮にて即位した天智天皇は、671年、太政大臣を新設し、子の大友皇子を就任させます。本来、天智天皇の後継者は弟の大海人皇子だったのですが、大友皇子の太政大臣就任によりほぼ白紙状態となってしまいます。

大海人皇子は身の危険を感じ、出家するとして吉野に去ります。まもなく天智天皇が没すると、近江に残った大友皇子を中心とした人々が政務を担当。この政権は「近江朝廷」と呼ばれています。

ところが、この近江朝廷方が吉野攻めを準備しているとの情報を得た大海人皇子が、先手を打って挙兵し、壬申の乱が勃発しました。

大海人皇子は伊賀を経由して、鈴鹿・不破の関所を閉鎖する動きを見せます。一方の近江朝廷側は、東国から筑紫まで兵力動員の使者を出しますが、ことごとく失敗に終わります。また病と称して近江から大和に帰っていた大伴馬来田、吹負兄弟も大海人皇子側につきました。

一枚岩になれなかった近江朝廷側の失敗

大海人皇子の軍事的優位が明確になると、国宰（地方官）や地方豪族がこぞって味方になり、軍勢は膨れ上がっていきます。

対する近江朝軍は不破撃破のための軍勢を出陣させるものの、途中で内紛が起こり、総帥的立場にあった山部王が蘇我果安と巨勢比等に殺されるという事態が発生するなど、一枚岩になることができません。ついには瀬田橋での決戦に敗れて、大津京も陥落。大友皇子が自害して壬申の乱は収束しました。

近江朝廷側の重臣は処分され、右大臣・中臣金は処刑。左大臣・蘇我赤兄、御史大夫（大臣に次ぐ役職）・巨勢比等らは家族とともに流罪になりました。

事件の現場を覗く！

大津宮址 ▶▶▶ 巨大な柱を埋め込むための穴や柱跡などが残る大津宮跡。

壬申の乱と豪族の活躍

吉野を脱した大海人皇子は鈴鹿・不破両関を封鎖して琵琶湖北方に本営を置いた。一方の近江朝方は後手に回り、各地で敗退し、大友皇子の自害をもって乱が終結した。

6月27日、大海人皇子、野上に本営を構え、東国から集めた軍勢を大和・近江の2方面に送り出す。
尾張氏が大海人方に味方する。
野上
三尾城
琵琶湖
不破関
息長横河
犬上川
7月23日、大友皇子が山前で自害する。
大津京
安河
弘文天皇陵
倉歴
瀬田橋
桑名
7月22日、近江朝廷軍が大敗を喫する。
上野
柘植
鈴鹿関
大海人皇子は、伊勢国内を移動中、伊勢神宮の方角を拝み、戦勝を願ったといわれる。
難波
乃楽山
名張
飛鳥
大伴吹負らが飛鳥で決起し、大伴氏が大海人皇子方に味方する。
672年6月24日、大海人皇子、東国へ向けて出発。
吉野宮
大海人皇子の東進路
大海人皇子軍の進路
近江朝廷軍の進路

壬申の乱において近江朝側につき、没落した巨勢氏はその後どのような来歴をたどったのか……。意外な方面で活躍した人物も輩出しました。

歴史を動かした豪族

巨勢氏

大臣を務め皇極朝に最盛期を迎えたが、壬申の乱で没落した一族

巨勢氏は武内宿禰の後裔氏族のひとつで、5、6世紀に「大臣」を輩出した名族とされています。同族には雀部臣、軽部臣があり、ルーツを同じくする葛城氏や蘇我氏とも親しい関係にあったようです。

巨勢氏が本拠地とする巨勢郷は曽我川上流に位置する山間部の狭隘な地と見られますが、中央の有力豪族になれたのは、ここが大和と紀伊を結ぶ交通の要衝だったことによります。同地に残る巨勢寺塔跡は、巨勢氏が氏寺とした大伽藍の跡と伝えられています。

文官のトップとして台頭 乙巳の変でも優れた交渉力を発揮

巨勢氏の台頭は武烈朝期以降とみられ、武烈天皇に反抗して滅ぼされた平群氏に代わって巨勢男人が大臣に任命されたと『日本書紀』にあります。男人は当時の大連である物部麁鹿火、大伴金村と連携して継体天皇擁立に貢献。磐井の乱勃発に際して麁鹿火を将軍に推薦したのも実は男人でした。

乙巳の変においても、入鹿暗殺後、蝦夷とともに抵抗を試みようとする東漢氏を巨勢徳太が説得し、蝦夷を自害に追い込みました。この功績から大化5年（649）には左大臣に任命され、以降徳太は国政の中心で活躍しました。

一方、崇峻天皇の命により派遣された新羅遠征の大将軍のひとりとして許勢猿の名前が見られ、また、白村江の戦いでも、巨勢神前訳語が中将軍として渡海しており、軍事面で活躍した者もみられます。

その後天智朝では巨勢比等が御史大夫となりましたが、壬申の乱に敗れた結果、配流となり、没落。しかし、奈良時代に比等の子が公卿となったのを機に政界に復帰し、奈良時代を通じて有力な人物を次々に輩出しました。

豪族メモ

勢力の中心地● 大和国高市郡巨勢郷（奈良県御所市古瀬）

始祖● 巨勢小柄（おから）宿禰／種別● 皇別／氏姓● 巨勢臣

著名な人物● 巨勢男人、巨勢徳太、巨勢金岡

系譜でたどる巨勢氏の興亡

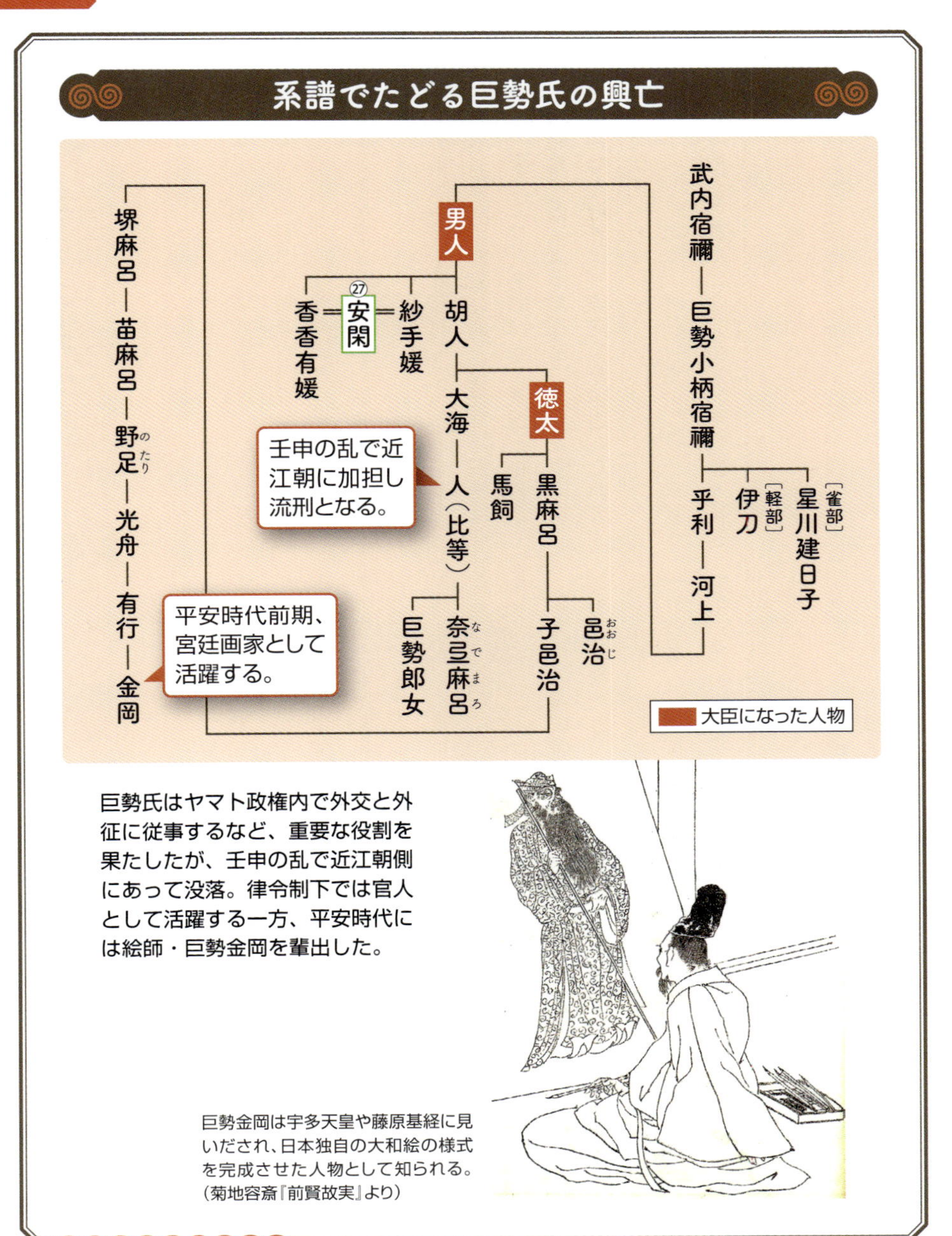
武内宿禰
巨勢小柄宿禰
乎利
河上
伊刀
［軽部］
星川建日子
［雀部］
男人
胡人
紗手媛
㉗安閑
香香有媛
大海
徳太
人（比等）
黒麻呂
馬飼
壬申の乱で近江朝に加担し流刑となる。
奈弖麻呂（なでまろ）
巨勢郎女
子邑治
邑治（おおじ）
堺麻呂
苗麻呂
野足（のたり）
光舟
有行
金岡
平安時代前期、宮廷画家として活躍する。
大臣になった人物

巨勢氏はヤマト政権内で外交と外征に従事するなど、重要な役割を果たしたが、壬申の乱で近江朝側にあって没落。律令制下では官人として活躍する一方、平安時代には絵師・巨勢金岡を輩出した。

巨勢金岡は宇多天皇や藤原基経に見いだされ、日本独自の大和絵の様式を完成させた人物として知られる。（菊地容斎『前賢故実』より）

その後どうなった？

平安時代には宮廷画家として巨勢金岡が登場し、大和絵を創始。明治時代に続く絵師・巨勢派の祖となりました。一方で政界においては平安時代初めに初代蔵人頭に任じられた野足が中納言まで昇ったものの、以降、公卿に昇る者は現れませんでした。

古代史重大事件

平城京遷都

わずか10年で慌ただしく行われた、奈良への遷都

和銅3年（710）、都が藤原京から平城京へと移され、奈良時代が始まりました。

しかし、藤原京の完成はわずか16年前でしかありません。不自然に慌ただしい遷都の理由は、大宝律令の制定で役人が増え、都が手狭になったためと考えられてきました。

とはいえ、近年の発見により藤原京の規模は約5.2km四方におよび、南北4.8km、東西4.3kmの平城京（主要部）を上回る規模だったことが明らかとなりました。結果、従来の説は否定されることとなります。

一方で、京域の北端に宮殿が置かれる平城京に対し、藤原京の宮殿が都城の中央に位置すること、メインストリートの朱雀大路の幅が平城京の70mに対し、藤原京はわずか21mほどしかないことなど、明確な違いもわかってきました。

こうしたことから、『周礼』に記された都の構造に倣って藤原京を建設したものの、704年に帰国した遣唐使の報告により、京域の中央に宮殿を置く藤原京では、律令制を施行するにあたり不都合な点が多々あることが判明。そこで、新たに唐の長安に倣ったプランの平城京を建設したと考えられています。

外京の施設群に反映された藤原不比等の権威

平城京の宮殿の配置や朱雀大路など根本的なプランは長安と同じでしたが、ただひとつ、東に南北約2.1km、東西約1.6kmの外京と呼ばれる一角が張り出すという特異な形をしていました。この一角には興福寺や春日大社など藤原氏ゆかりの寺社のほか、元興寺、紀寺、東大寺といった有力寺院が集中していました。

そして、この遷都を主導した者こそ、中臣鎌足の子で、当時最高の権力を手にしていた藤原不比等だったのです。

事件の現場を覗く！

平城宮 ▶▶▶ 遷都1300年を記念して復元された平城京第一次大極殿。

藤原氏と平城京

平城京は長安をモデルとしながらも外京が設けられるなど、いびつな形をしている。その外京に藤原氏の施設が集中し、都市計画に藤原氏の意向が反映されていた様子がうかがえる。

もとは藤原不比等の邸宅で、藤原氏が東宮のすぐ近くに本拠を置いていたことが分かる。
藤原氏の氏寺。さらに東には藤原氏の氏神を祀る春日大社が鎮座するなど、外京に藤原氏の意図が反映されていることが分かる。
宮城の入口に当たる朱雀門。
皇太子の住居である東宮。
法華寺
西大寺
平城宮
朱雀門
東大寺
長屋王邸
興福寺
外京
元興寺
紀寺
唐招提寺
右京
薬師寺
朱雀大路
左京
大安寺
東西の市は取引で賑わった。
西市
東市
羅城門
右京・左京とは宮城から見た右と左が由来となっている。
平城京の入り口に当たる羅城門。東西には城壁が連なっていたとされる。

不比等によってほかの豪族から抜きん出た権勢を手に入れた藤原氏。
奈良時代以降、どのような歴史を歩んだのでしょうか？

歴史を動かした豪族

藤原氏

権力闘争の末に平安朝で栄華を極めた鎌足の子孫たち

平安時代に全盛期を迎える藤原氏は、平城京遷都を主導した右大臣・藤原不比等を事実上の祖とする一族。

養老4年（720）に藤原不比等が没すると、天武天皇の孫・長屋王が権力を握りますが、不比等の子である武智麻呂、房前、宇合、麻呂の「藤原四子」の画策によって、自害に追い込まれます（長屋王の変）。

この藤原四子の家系は、南家、北家、式家、京家の「藤原四家」となり、奈良時代を通じて四家による主導権争いが行われました。奈良時代のうちに南家と京家が没落し、平安時代に入ると、薬子の変などによって式家が没落。北家が藤原氏の主導権を握るに至ります。

平安朝の宮中は他氏排斥ののちに氏長者を巡る争いへ

こうして藤原氏の主導権を握った北家でしたが、朝廷内にはまだ、源氏をはじめとするライバルが存在していました。

天皇も藤原氏以外の有能な人物を抜擢して勢力の均衡を図りますが、藤原良房をはじめとする北家の人々は、承和の変、応天門の変、昌泰の変、安和の変と政変を利用して伴氏、菅原氏など有力な氏族を没落させ、独占的な権力を築き上げました。

他氏排斥の時代が過ぎると、藤原氏は娘を天皇に嫁がせて天皇の外祖父となる外戚政策によって朝廷を掌握し、専横の時代に入ります。

しかし、並び立つ氏族がいなくなっても権力闘争は続きます。今度は北家内部において兄弟、叔父・甥、従兄弟と同族間の権力闘争が展開されました。

そうしたなかで藤原氏は摂関政治の仕組みを確立し、10世紀末以降、藤原道長が絶大な権力を確立したのです。

豪族メモ

勢力の中心地● 大和国高市郡藤原（奈良県高市郡明日香村小原付近）

始祖● 天児屋命／種別● 神別（天神）／氏姓● 藤原朝臣

著名な人物● 藤原鎌足、藤原不比等、藤原良房、藤原道長

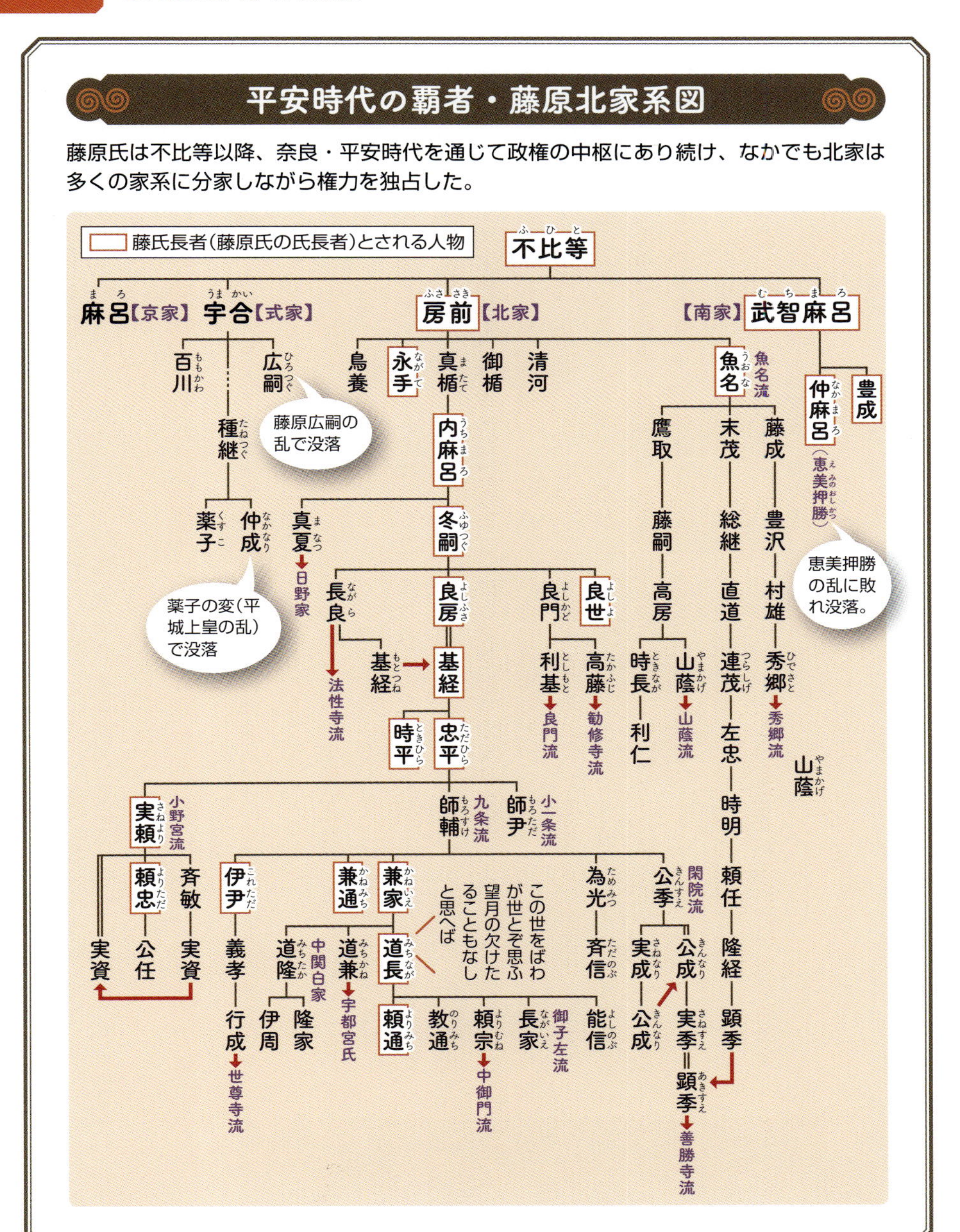
平安時代の覇者・藤原北家系図
藤原氏は不比等以降、奈良・平安時代を通じて政権の中枢にあり続け、なかでも北家は多くの家系に分家しながら権力を独占した。
藤氏長者（藤原氏の氏長者）とされる人物
不比等
麻呂【京家】
宇合【式家】
房前【北家】
【南家】武智麻呂
百川
広嗣
種継
薬子
仲成
藤原広嗣の乱で没落
薬子の変（平城上皇の乱）で没落
鳥養
永手
真楯
御楯
清河
内麻呂
真夏
日野家
冬嗣
長良
良房
良門
良世
基経
法性寺流
利基
高藤
良門流
勧修寺流
時平
忠平
実頼
小野宮流
師輔
九条流
師尹
小一条流
頼忠
斉敏
実資
公任
伊尹
義孝
行成
世尊寺流
兼通
兼家
道隆
中関白家
道兼
宇都宮氏
道長
伊周
隆家
頼通
教通
頼宗
中御門流
長家
御子左流
能信
この世をばわが世とぞ思ふ望月の欠けたることもなしと思へば
為光
斉信
公季
閑院流
実成
公成
実季
顕季
善勝寺流
魚名
魚名流
鷹取
藤嗣
高房
時長
利仁
山蔭
山蔭流
末茂
総継
直道
連茂
左忠
時明
頼任
隆経
藤成
豊沢
村雄
秀郷
秀郷流
仲麻呂（恵美押勝）
豊成
恵美押勝の乱に敗れ没落。

その後どうなった？

藤原道長の子・頼通と教通の兄弟は、天皇に娘を入内させるものの男児に恵まれませんでした。結局、後冷泉天皇のあとに藤原氏の女性を母としない後三条天皇が即位すると、藤原氏は外戚の地位を失いました。

古代史
重大事件

平安京遷都

奈良仏教との決別と、皇統の刷新のもとに千年の都が誕生する

平安時代は延暦13年（794）の平安遷都から始まります。この遷都は、実は怨霊から逃れるために行なわれたものでした。

桓武天皇は父・光仁天皇の皇后の井上内親王と皇太子の他戸親王を排除して即位した経緯もあり、政治の刷新を計画します。

そこでまず旧来の豪族層や、興福寺などの仏教勢力の影響力が強い平城京から離れ、山背国長岡京への遷都を計画しました。

ところが延暦4年（785）、長岡京の造営を主導していた藤原種継が何者かに暗殺される事件が発生します。首謀者として大伴継人、佐伯高成らが捕縛されると、さらに桓武天皇の弟で皇太子の早良親王の関与が浮上。処罰された親王は食を断って無実を訴え、淡路へ流される途中で憤死しました。

するとその後、早良親王に代わって皇太子となった安殿親王の病に加え、天皇の母・高野新笠と皇后・藤原乙牟漏、夫人・藤原旅子の相次ぐ死と宮中で不幸が続く一方、世の中では大凶作や洪水などの天災が続発します。

やがて一連の不幸が早良親王の怨霊の仕業と噂されるようになると、呪われた都となった長岡京の代わりに、同じ山背国の葛野郡宇太の地への遷都が決まります。

こうして新都が誕生。「平安京」と名付けられました。

平城京からの遷都を支援した渡来系氏族

この短期間における遷都に財政面で大きく貢献したのが、5世紀頃、日本に渡ってきた渡来系氏族の秦氏でした。

彼らは大陸の高度な土木技術や灌漑技術によって嵯峨野の地を開墾して勢力を伸ばしており、長岡京も秦氏の勢力下にありました。

事件の現場を覗く！

平安神宮応天門 ▶▶▶ 4分の1のサイズで再現された朝堂院の正門「応天門」。

長岡京・平安京と古代氏族

桓武天皇が遷都先として長岡京、次いで平安京の地を選んだ理由のひとつとして、桓武天皇と関係の深い古代氏族の勢力基盤であったことが挙げられる。

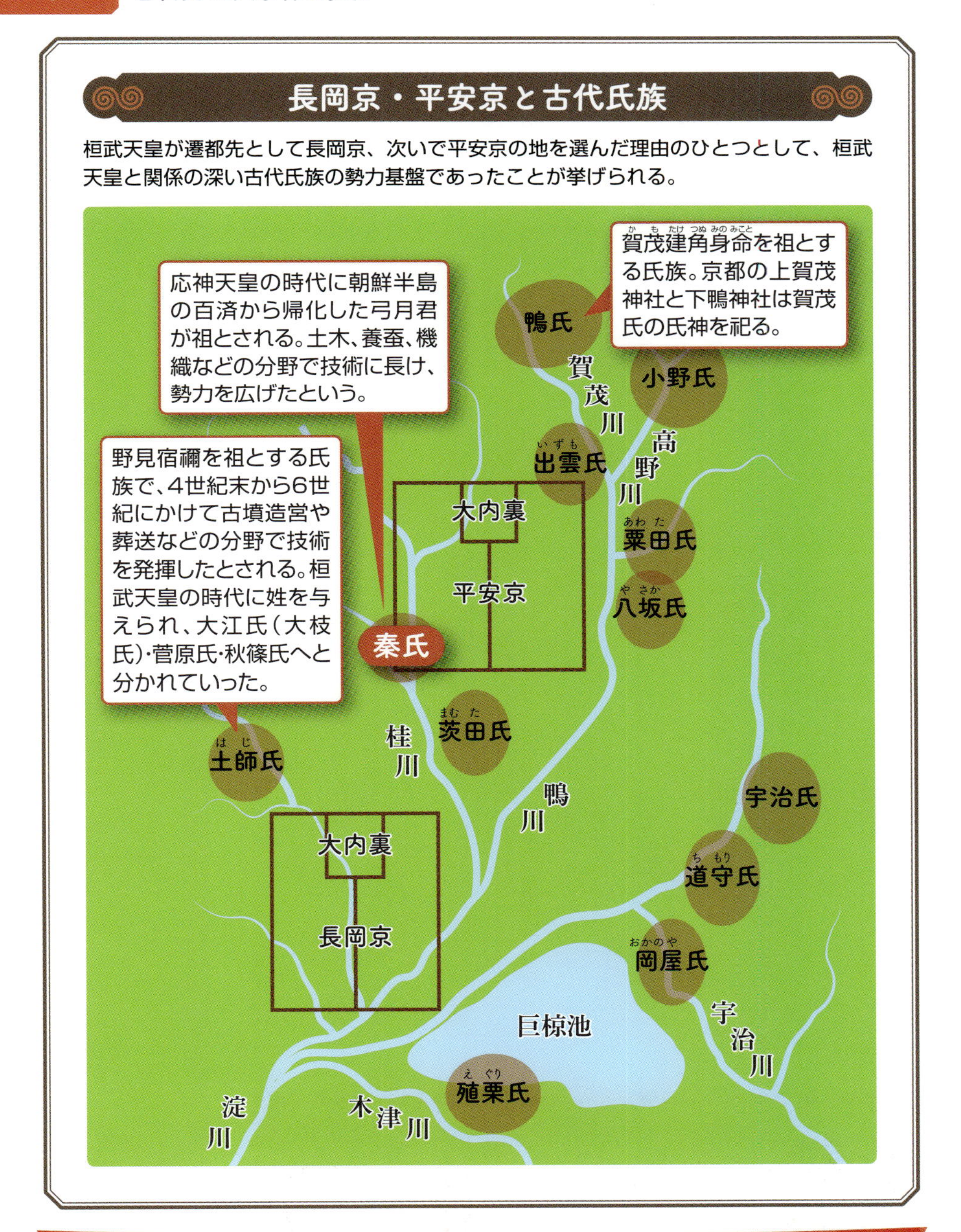
賀茂建角身命を祖とする氏族。京都の上賀茂神社と下鴨神社は賀茂氏の氏神を祀る。
応神天皇の時代に朝鮮半島の百済から帰化した弓月君が祖とされる。土木、養蚕、機織などの分野で技術に長け、勢力を広げたという。
野見宿禰を祖とする氏族で、4世紀末から6世紀にかけて古墳造営や葬送などの分野で技術を発揮したとされる。桓武天皇の時代に姓を与えられ、大江氏(大枝氏)・菅原氏・秋篠氏へと分かれていった。
鴨氏
賀茂川
小野氏
高野川
出雲氏
大内裏
平安京
粟田氏
八坂氏
秦氏
茨田氏
桂川
土師氏
鴨川
宇治氏
大内裏
長岡京
道守氏
岡屋氏
巨椋池
宇治川
殖栗氏
淀川
木津川

平安遷都に大きな影響力を持った秦氏。しかしその後権力の中枢に座ることはありませんでした。秦氏とはいったいどのような豪族だったのでしょうか?

歴史を動かした古代豪族

秦氏

古代版日本列島改造計画を進めた開墾系渡来人

平安遷都を助けた秦氏とはどのような豪族なのでしょうか。

『日本書紀』および『新撰姓氏録』の記述によれば、秦氏は4世紀末の応神天皇の時代に、秦の始皇帝の末裔とされる、始祖・弓月君に率いられて百済から渡来した百二十県の農民とされます。

本拠地は山背国にありましたが、九州の筑前や豊前、四国の伊予・讃岐、中国地方の備中・備前・美作・播磨、畿内周辺では北陸の越前・越中、伊勢・尾張・美濃などと広く分布し、古代豪族中最大の人口を誇っています。

加藤謙吉氏によれば、秦氏は渡来系集団の集合体であり、各集団は自立的な性格を備えていたといいます。

秦氏は政治の一線に出ることなく、水田開発や養蚕で巨万の富を築いた「殖産的豪族」とも呼べる特異な存在でした。

とくに有名なのが秦河勝で、厩戸皇子のブレーンとしてその政治を支えたといわれます。仏教への帰依も篤く、四天王寺の建立や運営にも携わり、皇子から預かった仏像を安置するためにのちの広隆寺を建立したと伝わります。

平安遷都の背景にあった藤原氏との姻戚関係

7世紀後半から8世紀後半にかけて、山背国の開発に専念し、桂から嵐山・嵯峨の一帯と、深草一帯を拠点とし、長岡京および平安遷都に大きく関わるようになります。

志半ばで命を落とした藤原種継に代わり、長岡京と平安京の造宮職の長官を務めたのは、藤原小黒麻呂ですが、彼は秦嶋麻呂の娘婿でした。

その後も秦氏は政治的権力に食い込むような野心は持たず、二度の遷都にとどまらず、朝廷の大事業には財力を提供し続けました。

豪族メモ

勢力の中心地● 山背国葛野郡（京都市右京区嵯峨野付近）、山背国紀伊郡深草（京都市伏見区深草）

始祖● 弓月君／種別● 諸蕃／氏姓● 秦公、秦造→秦忌寸

著名な人物● 秦河勝、秦下嶋麻呂

秦氏の分布
秦氏は西日本を中心に全国に居住して、大陸の技術を駆使して開墾や養蚕、鉱山開発などに従事したとされる。
秦氏の系譜
秦始皇帝
胡亥皇帝
孝武皇帝
竺区宋孫王
法成王
功満王
融通王
普洞王
酒秦公
意美秦公
忍秦公
丹照秦公
河秦公
国勝秦公
川勝秦公
（秦河勝）
養蚕を行い多くの絹を納めた？
厩戸皇子のブレーンとして活躍した？
『日本書紀』においては百済出身の弓月君を祖とするとされるが、その始祖は漢の劉邦とも秦の始皇帝ともいわれ、はっきりしない。
吉備国
（備前）
針間国
（播磨）
吉備国
（美作国）
越前国
越中国
丹波国
甲斐国
出雲国
若狭国
美濃国
吉備国
（備中）
吉備国
（備後）
相模国
筑前国
尾張国
豊前国
伊勢国
駿河国
伊予国
摂津国
近江国
讃岐国
河内国
山背国
（山城）
阿波国
大和国

その後どうなった？

元慶7年（883）、清和天皇以来5代の天皇に仕えた明法家（律令学者）の秦直本が「惟宗朝臣」の姓を賜り、子の家系が学者の家系として続きました。この家系からは薩摩の島津氏が分かれています。

歴史を動かした豪族

平群氏（へぐりうじ）

調子に乗りすぎて大王の怒りを買った権勢一家

武内宿禰を祖とする諸豪族の分布

平群氏
斑鳩
佐保川
物部氏
石上神宮
紀氏
大和川
5世紀末の葛城一族の勢力圏
飛鳥川
大王家の勢力圏
三輪山
二上山
耳成山
大伴氏
大神神社
葛城氏
畝傍山
香具山
蘇我氏
巨勢氏
波多氏
葛城山
一言主神社

奈良盆地の西部には5世紀末まで葛城氏が大きな勢力を張っており、そのなかに平群氏や蘇我氏などが割拠していた。葛城氏を含めこれらは武内宿禰に源流を持つ氏族である。

大和平野西部の平群地方を本拠とする平群氏は、葛城氏や蘇我氏と同じく、武内宿禰に源流を持つ名族です。

5世紀の雄略天皇の治世に平群真鳥（へぐりのまとり）が大臣になって以降、たびたび大臣を輩出して権勢を誇りました。

しかし仁賢（にんけん）天皇の時代になると、あろうことか自ら大王（天皇）になる野望を抱くようになり、天皇の権威をないがしろにするようになります。

また『日本書紀』によると、仁賢天皇の子である武烈天皇の即位前、真鳥の子・平群鮪（しび）が、歌垣で、小泊瀬稚鷦鷯尊（おはつせのわかさざきのみこと）（のちの武烈天皇）と物部氏の姫を巡って争い、不遜な態度をとったといいます。499年に即位した武烈天皇は、大伴金村に命じて、鮪に加えて父・真鳥まで殺害し、報復を実行。こうして権勢を誇った平群氏の嫡流は、大王になることなく滅びました。

豪族メモ

- 勢力の中心地● 大和国平群郡平群郷（奈良県生駒郡平群町）
- 始祖● 平群木菟宿禰／種別● 皇別／氏姓● 平群臣
- 著名な人物● 平群木菟宿禰、平群真鳥、平群神手

歴史を動かした豪族

橘（たちばな）氏（うじ）

奈良時代の宮中で政務を執った賜姓貴族

天皇が臣下に与えた「氏姓」のうち、代表的な四大姓氏が、源氏、平氏、藤原氏、橘氏。総称して「源平藤橘（げんぺいとうきつ）」といいます。

このうち橘氏は、美努王（みぬおう）の妻で、天武天皇以来朝廷に仕えてきた県犬養三千代（あがたのいぬかいのみちよ）が、その功績を称えられ、708年に橘宿禰の姓を賜ったことが始まりとされています。このとき三千代には2人の息子がおり、彼らも橘諸兄（もろえ）（葛城王）、橘佐為（さい）（佐為王）と名乗っています。

三千代は美努王と離縁した後、藤原不比等の後妻に入り、朝廷での影響力を高めたと考えられています。不比等の子の「藤原四子」が天然痘で相次いで亡くなると、橘諸兄は右大臣、左大臣と昇進し、政務の中心となりました。

橘氏の興亡

- 敏達天皇……美奴王
- 美奴王＝県犬養三千代
  - 諸兄（葛城王と呼ばれていたが、臣籍降下とともに橘姓を賜る。）
    - 奈良麻呂（謀反の疑いをかけられて失脚。）
      - 島田麻呂
        - 真材
          - 峯範
        - 長谷雄
        - 常主……永愷（能因法師）
      - 清友
        - 嘉智子（檀林皇后）
      - 安麿
      - 入居
        - 逸勢（三筆のひとりで、空海らとともに唐に留学した。帰国後官途を歩むも、謀反の罪により流罪となる。）
- 県犬養三千代＝藤原不比等
  - 光明皇后

豪族メモ

- 勢力の中心地● 不詳
- 始祖● 橘三千代、橘諸兄、橘佐為／種別● 皇別／氏姓● 橘朝臣
- 著名な人物● 橘奈良麻呂、橘嘉智子、橘逸勢

歴史を動かした豪族

紀氏

紀伊を本拠とし、国政に進出した氏族

『土佐日記』の作者・紀貫之が知られる紀氏ですが、じつは紀直氏と紀臣氏の二系統があります。神武天皇の東征に従い、紀国造になった天道根命を始祖とする紀直氏は、紀伊国名草郡を本拠とし、子孫は代々日前神宮・国懸神宮の祭祀を受け継ぎました。また、紀国造に任じられた紀忍勝（押勝）は583年、百済の優れた官人・日羅の招聘に尽力した記録があります。

一方、中央豪族として発展したのは紀臣氏の方で、孝元天皇の皇子と紀の伊国造の妹の間に生まれた武内宿禰の子・紀角（木角）宿禰を祖とします。古代屈指の大豪族で、飛鳥・奈良時代には主に外交、軍事の面を担い、朝鮮遠征では紀小弓が活躍しました。

しかし紀臣氏は平安時代になると衰え、前述の紀貫之は歌人として文学の発展に貢献する一方で、官職を得るための運動を強いられました。

紀氏の興亡

武内宿禰
- 波多八代宿禰（波多氏祖）
- 巨勢小柄宿禰（巨勢氏祖）
- 蘇我石川宿禰（蘇我氏祖）
- 平群木菟宿禰（平群氏祖）
- 紀角宿禰（紀氏祖、坂本氏祖）
- 葛城襲津彦（葛城氏祖、玉手氏祖）
- 若子宿禰（江沼氏祖）

紀角宿禰……大人

大人
- 麻呂—宿奈麻呂—古佐美
- 古麻呂
- 麻路?……長谷雄
- 猿取?—船守……貫之

長谷雄：平安時代前期の文人・歌人。奇人として知られ、『長谷雄草紙』に朱雀門の鬼と双六をした伝説などを残す。

貫之：平安時代前期～中期にかけての文人・歌人。仮名文字で記された『土佐日記』の作者。

豪族メモ

勢力の中心地● 大和国平群県紀里（奈良県生駒郡平群町上庄付近）

始祖● 紀角宿禰／種別● 皇別／氏姓● 紀臣→紀朝臣

著名な人物● 紀小弓、紀古佐美、紀長谷雄、紀貫之

歴史を
動かした豪族

多氏（おおうじ）

19氏族の祖となった由緒正しき名族

天皇家から分かれて、臣籍に下った氏族を「皇別氏族」といいます。多氏は大和国十市郡飫富郷を本拠とし、神武天皇の子・神八井耳命を祖とする最古級の皇別氏族です。

672年の壬申の乱の折、大海人皇子側で活躍した武将に多品治の名が見えます。その子が『古事記』の編者である太安万侶で、和銅4年（711）、稗田阿礼が誦習した『帝紀』『旧辞』を、日本語の文脈を生かした漢文体で筆記して編纂を開始。翌年、元明天皇に献上しました。

また、平安時代には多自然麿が出て、宮中の雅楽の形式を定めました。

その後、子孫は主に楽人の氏族として宮廷に仕えています。『古事記』では、多氏の祖である神八井耳命の後裔氏族として19氏族が記載され、中央豪族のみならず、東国や九州まで、多くの国造や県主を輩出しています。

最古の皇別氏族・多氏

多氏は第2代綏靖天皇の兄から生じた豪族とされ、『古事記』には多氏から分かれた19氏族の名が記されている。

神武天皇
- 日子八井命
- 神八井耳命
- 神渟名川耳尊（綏靖天皇）

『古事記』に記される神八井耳の後裔

意富臣（多氏）・小子部連・坂合部連・火君・大分君・阿蘇君・筑紫三家連・雀部臣・雀部造・小長谷造・都祁直・伊余国造・科野国造・道奥石城国造・常道仲国造・長狭国造・伊勢船木直・尾張丹羽臣・嶋田臣

豪族メモ

勢力の中心地● 大和国十市郡飫富郷（奈良県磯城郡田原本町多）

始祖● 神八井耳命／種別● 皇別／氏姓● 多臣

著名な人物● 多品治、太安万侶、多自然麿

八色の姓は なんのために制定されたの？

684年、天武天皇によって「八色の姓（やくさのかばね）」が制定されました。これまで政治的職位に基づき、臣・連・君・直・造・首・史などが下賜されてきた姓の制度でしたが、姓による序列は存在していたものの、姓の階層化が一貫性を欠いていたため、不明瞭な部分がありました。

これに対し、八色の姓では天皇の近親氏族を真人として，姓の第1位に置き、以下、朝臣、宿禰に有力氏族を配しました。従来の臣・連姓の豪族のうち、中心的な家は宿禰や朝臣といった上位の姓が与えられ、さらに新たな姓への改称も行われましたが、傍流はそのままの姓で残され、同族同士の間でも序列がはっきりしました。これにより律令官位制を導入するにあたって旧来の豪族たちが自分がどれほどの地位にあるのかが示されました。氏族の序列が明確化され、天皇中心の中央集権体制が強化されたのです。

八色の姓

真人（まひと）	最上位の姓で、天皇家に最も近い血筋を持つ者たち、つまり、天皇の直系や近親者、特に皇族に与えられ、権威の象徴とされました。
朝臣（あそみ）	有力な豪族で、古くから朝廷に仕えた者たちに与えられました。
宿禰（すくね）	朝廷において特に重用された中級の貴族や豪族に与えられました。
忌寸（いみき）	朝廷の行政や祭祀に携わる技術者集団や特定の役職に就いた者たちに与えられました。
道師（みちのし）	特定の役職に基づき与えられた姓とされますが、記録が少なく詳細は不明です。
臣（おみ）	地方の有力豪族など、元来「朝臣」に相当する身分を持っていましたが、改めて下位の姓として位置づけられました。
連（むらじ）	古くから地方豪族や、特定の職能を持つ豪族に与えられました。
稲置（いなぎ）	最下位の姓で、地方の豪族や下級の支配層に与えられました。地方行政の末端で、郡司などの職務を担当する者が多いとされています。

第2部
しごとでわかる古代豪族

第1章

祈る豪族
古代祭祀を担った豪族たち

祈る豪族

古代祭祀

王権による祭祀を支えた各地の祭祀一族

農耕文化が中心になった弥生時代（紀元前10世紀頃から紀元3世紀頃）、人々の生活基盤が稲作に支えられ、集落が発展していきました。

縄文時代以来日本に定着していた自然崇拝はさらに深まり、奈良県の三輪山信仰のように、日本人は山や岩、大木など一木一草に至るまで神が宿ると考えるようになりました。

集落を基盤とする共同体では、稲作の豊穣を祈り、神の声を聴く巫女（シャーマン）が重要な役割を果たしました。2〜3世紀に存在した邪馬台国の卑弥呼は、その典型的な存在です。

初期ヤマト政権において、大王は武力や経済力だけでなく、農耕神を祀り、四時（春夏秋冬）の祭祀を行うことで権威を高めたと考えられます。

三輪山に祀られた大物主神は、政権における重要な神として崇拝されましたが、6世紀頃には、太陽神である天照大神を祖神とする信仰へと変化していきました。

天武天皇の宗教改革と祭祀一族の登場

7世紀に入り、壬申の乱に勝利した天武天皇は、天皇号を採用し、中国的な中央集権国家を目指すなかで、宗教に様々な改革を加えます。

神々を独自に祀っていた地方豪族に、朝廷の祈年祭の幣帛（供え物）を捧げるよう指示し、三輪山祭祀を天照大神信仰と結び付けて整備しました。これにより、ヤマト政権の祭祀体系はさらに深化しました。

また、対馬と九州の間の玄界灘に浮かぶ沖ノ島の祭祀を重視し、交易ルートの安全祈願を政権が主導しました。一方でこの時期、天皇は政治的指導者としての役割が強化され、祭祀は三輪氏、忌部氏、宗像氏など特定の氏族の職掌となっていきました。

古代史の舞台を覗く！

沖ノ島 ▶▶▶ 航海の女神の神域として長きにわたり祭祀が行われてきた玄界灘の孤島です。

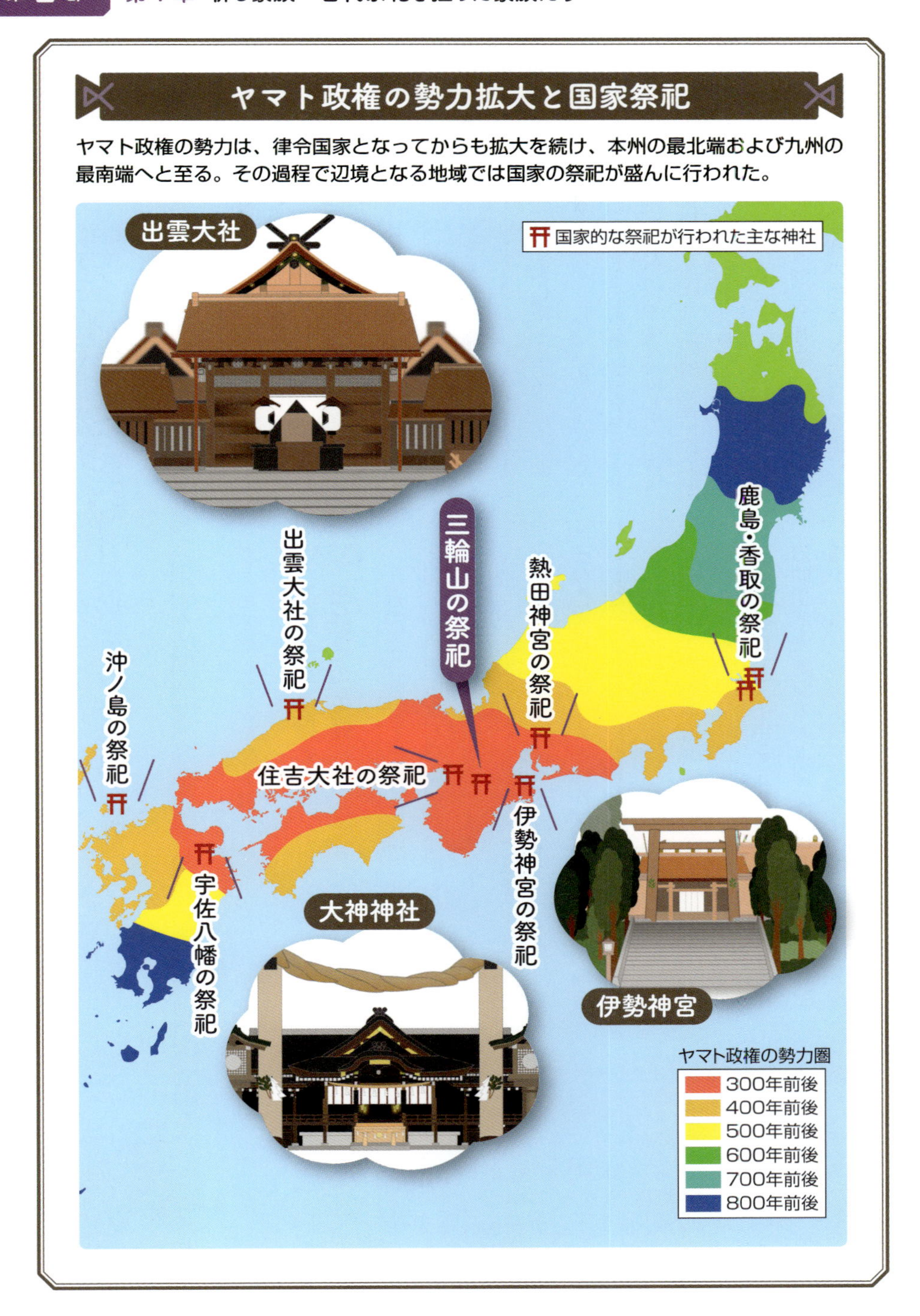
ヤマト政権の勢力拡大と国家祭祀
ヤマト政権の勢力は、律令国家となってからも拡大を続け、本州の最北端および九州の最南端へと至る。その過程で辺境となる地域では国家の祭祀が盛んに行われた。
出雲大社
国家的な祭祀が行われた主な神社
鹿島・香取の祭祀
三輪山の祭祀
出雲大社の祭祀
熱田神宮の祭祀
沖ノ島の祭祀
住吉大社の祭祀
伊勢神宮の祭祀
宇佐八幡の祭祀
大神神社
伊勢神宮
ヤマト政権の勢力圏
300年前後
400年前後
500年前後
600年前後
700年前後
800年前後

祈る豪族

三輪氏

大物主神に豊饒を祈る三輪山祭祀を担った一族

三輪氏の発祥は、『古事記』の伝承に見ることができます。第10代・崇神天皇の時代、国内に疫病が流行し、多くの人々が亡くなりました。天皇が神牀に横たわり夢占いを行ったところ、ある晩、三輪山の神・大物主神が夢に現れました。神は「疫病は私の意志によるものである。意富多多泥古に私を祀らせれば、災いは収まるだろう」と託宣しました。

大物主神は、五穀豊穣を司る農業生産の神としての一面（和御魂）と、疫病をもたらす祟り神としての一面（荒御魂）を併せ持ち、国神として重要な神とされています。

天皇が意富多多泥古を探し出したところ、彼は自らを大物主神の4世孫と語り、和泉国陶邑で祀られていた女神・活玉依毘売を母とする子の末裔であることを明かしました。

以来、三輪山では五穀豊穣と国家の安泰を祈る祭祀が行われ、現在に至るまで三輪氏の家系が大神神社の神職を継承しています。

三輪氏の来歴と三輪逆の忠節

活玉依毘売の伝承によると、三輪氏の母系の先祖は陶邑で須恵器の生産を統括していた集団であったと推定されています。この集団は6世紀前半に三輪の地に定着し、三輪山の神を直接祀っていた大王に代わって、その神の分霊を祀る役割を担うようになったといわれます。

三輪氏の中で著名な人物として、敏達天皇に仕えた忠臣・三輪逆がいます。586年、穴穂部皇子が炊屋姫（敏達天皇の皇后で、後の推古天皇）を犯そうと殯宮に押し入ろうとした際、三輪逆はこれを拒みました。思わぬ邪魔に激怒した穴穂部皇子は、蘇我馬子と物部守屋に逆を不遜な者として訴えました。結果、三輪逆は物部守屋の兵によって殺害されました。

豪族メモ

- 勢力の中心地● 大和国城上郡大神郷（奈良県桜井市三輪町）
- 始祖● 大田田根子（意富多泥古）／種別● 神別（地祇）／氏姓● 三輪君→三輪朝臣
- 著名な人物● 三輪逆、三輪高市麻呂

三輪山周辺の祭祀遺跡

神が宿る山として信仰された三輪山の周辺には、ヤマト政権草創期頃からの祭祀遺跡が散在する。これらは三輪山の神を祀る祭祀において使用されたと考えられている。

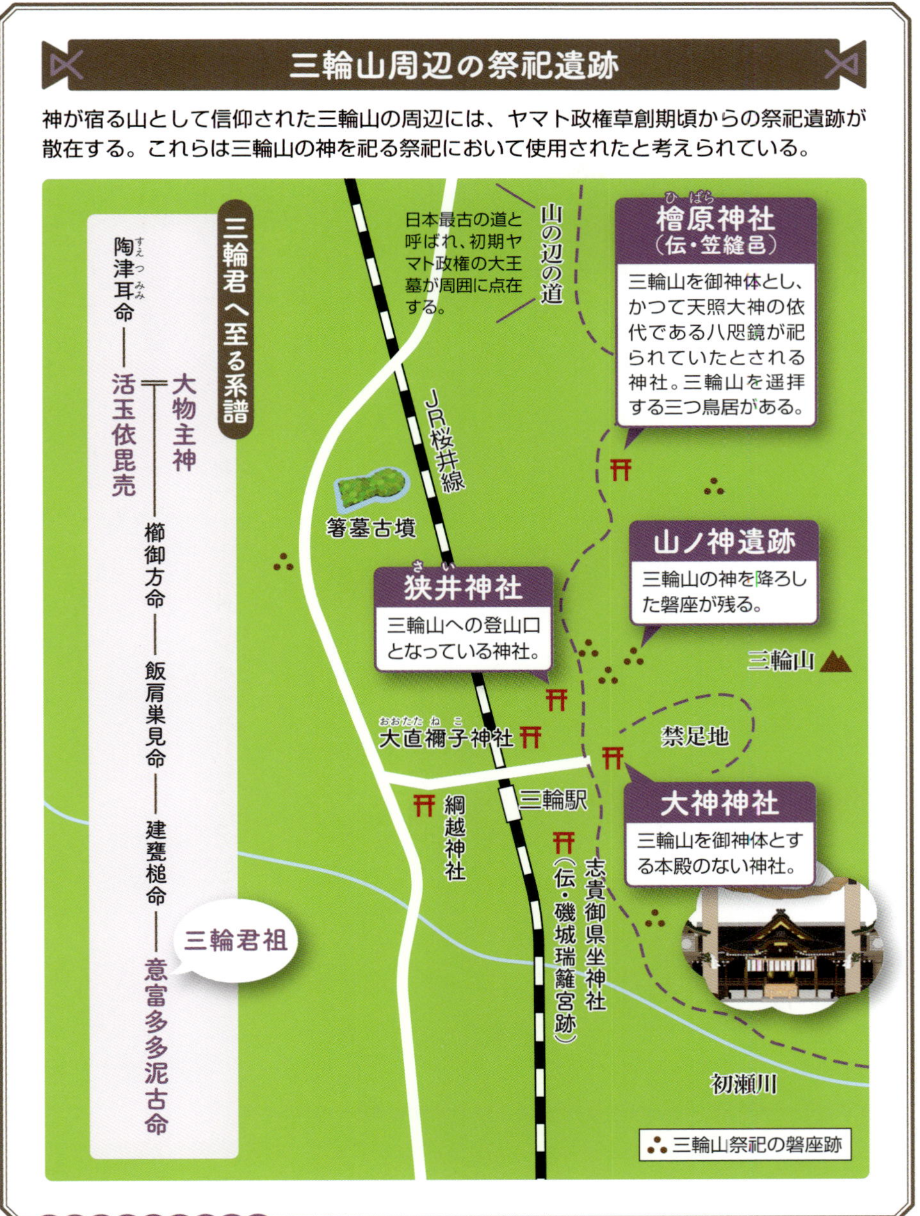
三輪君へ至る系譜
陶津耳命
活玉依毘売
大物主神
櫛御方命
飯肩巣見命
建甕槌命
意富多多泥古命
三輪君祖
日本最古の道と呼ばれ、初期ヤマト政権の大王墓が周囲に点在する。
山の辺の道
檜原神社（伝・笠縫邑）
三輪山を御神体とし、かつて天照大神の依代である八咫鏡が祀られていたとされる神社。三輪山を遥拝する三つ鳥居がある。
JR桜井線
箸墓古墳
山ノ神遺跡
三輪山の神を降ろした磐座が残る。
狭井神社
三輪山への登山口となっている神社。
三輪山
大直禰子神社
禁足地
三輪駅
大神神社
三輪山を御神体とする本殿のない神社。
綱越神社
志貴御県坐神社（伝・磯城瑞籬宮跡）
初瀬川
三輪山祭祀の磐座跡

その後どうなった？

後裔の大神氏は神官や楽人の一族として活動しましたが、壬申の乱では三輪高市麻呂が活躍し、氏姓を大三輪と改めました。やがて「八色の姓」が制定されると、「朝臣」を賜っています。

祈る豪族

宗像氏（むなかたうじ）

沖ノ島祭祀を担い、航海の安全を祈った玄界灘の海洋氏族

2017年に世界遺産に登録された沖ノ島は、玄界灘に浮かぶ孤島で、古代から海上交通の守護神として崇められてきました。「神宿る島」として知られ、田心姫命（たごりひめのみこと）を祀る宗像三社のひとつである沖津宮（おきつぐう）が鎮座しています。島全体が神域であり、一般人の立ち入りは厳しく制限されています。

沖津宮では、4世紀後半から9世紀末にかけて、大陸や朝鮮半島との交流が盛んになるなか、航海の安全を願う国家的な祭祀が行われていました。玄界灘を行き交う船が数多く立ち寄り、島内の巨岩群の岩陰などからは、鏡、玉、剣など多数の祭祀遺物が発見されています。

これらには海外由来のものも多く、「海の正倉院（しょうそういん）」と称されています。

この祭祀を代々担ったのが、筑前国宗像地方を拠点に玄界灘全域を支配した海洋氏族、宗像氏です。宗像氏は高い航海技術を持ち、ヤマト政権の外交に貢献しました。また、宗像三女神の祭祀を通じて、古代日本の海洋信仰と外交の橋渡し役を果たしました。

さらに、宗像三女神が出雲（いずも）の神・素戔嗚尊（すさのおのみこと）の子であることから、宗像氏と出雲氏の深い関係も指摘されています。

天武朝期に妃を輩出し、皇子を産む

『日本書紀』によれば、天武朝の時代、天皇の皇妃として胸形君徳善（むなかたのきみとくぜん）の娘・尼子娘（あまこのいらつめ）が記されています。宗像氏の出身で、彼女は天武天皇の長子・高市（たけちの）皇子を産んだ妃です。高市皇子は天皇にはなりませんでしたが、太政大臣（だいじょうだいじん）まで昇進し、皇族の重鎮として活躍しました。

律令制下で、宗像氏は、宗像大社の宮司を世襲しつつ、宗像神郡の郡司（ぐんじ）を兼ね、その行政も担当していました。

豪族メモ

勢力の中心地● 筑前国宗像神郡（福岡県宗像市）

始祖● 不詳／種別：神別（地祇）／氏姓：宗像君→宗像朝臣

著名な人物● 宗形清氏、宗像氏貞

古代の海の道と宗像三社

玄界灘に浮かぶ沖ノ島は古来交通の要衝として重視され、宗像三女神に航海の安全を祈る祭祀が行われていた。この祭祀を司ったのが宗像氏で、大化改新後に国郡制が敷かれると、宗像神郡の大領と宗像大社の神主を兼任している。

固城
勒島
「魏志倭人伝」のルート
比田勝
上県
対馬
下県
いづはら
厳原
4世紀後半から続く祭祀遺跡が発見されている。また、中国や朝鮮半島からもたらされた遺物が出土している。
沖ノ島
沖津宮
海北道中
中津宮
壱岐
神湊
志賀島
辺津宮
東シナ海
奴
伊都
末盧
宗像三社

その後どうなった？

宗像氏は平安時代末期頃から武士化し、戦国時代には豊後国（ぶんごのくに）（現・大分県）の大友氏としばしば対立。天正14年（1586）、第79代大宮司の宗像氏貞（うじさだ）が跡継ぎなく没したため、大宮司としての宗像氏は断絶しました。

祈る豪族

鴨氏

現代へと続く賀茂の祭祀の主催者となった一族

京都の上賀茂神社（北区）と下鴨神社（左京区）。両社の重要な祭礼である「葵祭」は、京都三大祭りのひとつとして現在も続き、賀茂の両社から勧請された神社は全国におよそ300社あるとされます。

そうした賀茂の祭祀を担ってきた氏族・鴨氏（賀茂氏、鴨県主）は、山背（山城）国葛野郡を本拠とする一族で、初め「葛野主殿県主部」を名乗り、のちに「鴨県主」と改めました。

『山城国風土記』に記された鴨氏の来歴

鴨氏の祖とされる賀茂建角身命は、下鴨神社（賀茂御祖神社）の主祭神で、神武東征に際し、八咫烏に化身して神武天皇の一行を導いたと伝えられています。

記紀の伝説はここまでですが、さらに『山城国風土記』逸文では、その後、大和の葛城山に宿った後、山代国（山背国）の岡田の賀茂に至り、山代河（木津川）を下り、葛野河（桂川）と賀茂河（鴨川）が合流する地点を経て、賀茂川を上り、久我国の北山の麓に鎮まったとあります。

ここから鴨県主はもともと大和国にあり、のちに山背へ移住してきた氏族という来歴がうかがえます。

一方、大和の葛城地方にも現在の高鴨神社付近に勢力を置き、大国主命の後裔を称する鴨氏がありました。鴨県主はこの鴨氏とは別系統とされますが、葛城が鴨県主の故地であることから、もともと同族であった可能性が指摘されています。

また、この伝承に加え、賀茂の両社には平安時代から鎌倉時代にかけて皇女が斎王として奉仕する制度があり、鴨県主と天皇家との深い関係がうかがわれます。

豪族メモ

勢力の中心地● 山城国葛野郡（京都市北東部）

始祖● 賀茂建角身命／種別● 神別（天神）／氏姓● 鴨県主

著名な人物● 鴨長明、賀茂真淵

賀茂建角身命の伝説と賀茂氏

鴨氏の祖とされる賀茂建角身命は、八咫烏に化身して神武天皇を導き、葛城に鎮座したのち、山城へ移ったという。

神武東征の進路（『古事記』に基づく）
賀茂建角身命の進路（『山城国風土記』逸文に基づく）
上賀茂神社
賀茂建角身命の娘・玉依姫が賀茂川で拾った丹塗矢を持ち帰り床に置くと、姫は懐妊し、上賀茂神社の祭神・賀茂別雷命を産んだ。（『山城国風土記』逸文）
下鴨神社
神武天皇を先導した賀茂建角身命は葛城山に鎮座したのち、北へ向かう。岡田の賀茂を経て葛野川と賀茂川の合流点に至ったとき、「この川は狭いが石川の清川である」と言い、「石川の瀬見の小川」と名付け、同地に鎮座した。（『山城国風土記』逸文）
近江
摂津
白肩津
岡田の賀茂
熊野へ
白檮原（橿原）
磯城
菟田（宇陀）
神武天皇即位の地
葛城山
吉野
伊勢
大和
熊野から

その後どうなった？

鴨氏が上賀茂神社、下鴨神社の祠官家に分かれたのは平安時代初期とされ、現代まで代々両社の禰宜を務めています。『方丈記』の作者として知られる鴨長明は、下鴨神社の禰宜の次男に生まれましたが、禰宜の地位に就くことができず、出家した人物です。

祈る豪族

出雲氏

大国主神を祀り、出雲の祭祀を担った一族

出雲大社の祭祀を代々担ってきたのが、出雲国造家です。国造制は7世紀半ばの大化改新で廃止されましたが、出雲国造は紀伊国造などとともに、例外的に国造の称号存続を許された氏族でした。

弥生時代の末期、出雲地方には、四隅突出型（墳丘）墓という独自の墓が数多く築造されており、畿内とは異なる文化圏がありました。

出雲氏は本来、出雲国東部の意宇を本拠とし、熊野大社を祀る豪族でしたが、その後、ヤマト政権に服属。その後ろ盾を得て出雲西部を併合し、出雲大社の祭祀を掌握したとみられます。

『日本書紀』崇神天皇60年条には、ヤマト政権より出雲の神宝を求められた際、神宝を献上した弟に激怒した出雲振根が、弟を殺害したところ、ヤマト政権によって討たれたという伝承があり、これが出雲西部の征服を示すとも推測されます。出雲統一に成功した意宇の王と、出雲国造家のつながりを示す系譜は発見されていませんが、その後の律令体制下でも出雲の国府は意宇に置かれました。

出雲国造の代替わりごとに行われる天皇家の服従を示す儀式

出雲国造家には代替わりに際して、重要な祭祀が継承されています。そのひとつは「神火相続式」です。国造が没すると、新国造はただちに火燧臼と火燧杵で鑽り出した神火を相続し、この火で調理した食事を食べることで祖神の天穂日命と一体化し、祭祀を継承します。

また、国家に対しては、新国造が天皇のもとに参上し、その御前で「出雲国造神賀詞」を奏上しました。これは天皇家の繁栄を祝うとともに、天穂日命の活躍を語りながら、国造家の歴史を述べるもので、その神威によって天皇家を寿ぐことを誓います。

豪族メモ

勢力の中心地● 出雲国（島根県東部）

始祖● 天穂日命／種別● 神別（天孫）／氏姓● 出雲臣

著名な人物● 出雲振根、出雲臣広嶋

出雲国造家の系譜と6世紀半ばの出雲

6世紀半ば、出雲東部（意宇）と西部（杵築）で、それぞれ大型の山代二子塚古墳（前方後方墳）、大念寺古墳（前方後円墳）が築かれたが、その後は東部での築造が目立つようになる。

今市・塩冶古墳群
6世紀半ば、大念寺古墳が築かれるが、以降、大型古墳の築造は収束。
➡ヤマト政権と結んだ東部の勢力による征服か？
山代・大庭古墳群
6世紀半ば、山代二子塚古墳が築かれ、以降も古墳の築造が続く。
➡ヤマト政権との結びつきが強化されたか？
大橋川
中海
宍道湖
斐伊川
神門川
意宇川
飯梨川

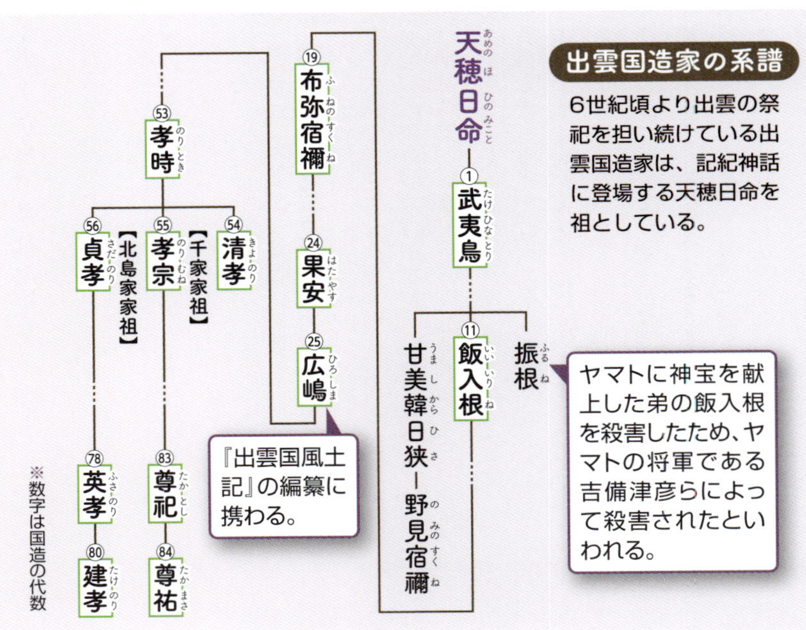
出雲国造家の系譜
6世紀頃より出雲の祭祀を担い続けている出雲国造家は、記紀神話に登場する天穂日命を祖としている。
天穂日命
①武夷鳥
⑪飯入根
振根
甘美韓日狭
野見宿禰
ヤマトに神宝を献上した弟の飯入根を殺害したため、ヤマトの将軍である吉備津彦らによって殺害されたといわれる。
⑲布弥宿禰
㉔果安
㉕広嶋
『出雲国風土記』の編纂に携わる。
53 孝時
54 清孝
55 孝宗
【千家家祖】
56 貞孝
【北島家家祖】
78 英孝
80 建孝
83 尊祀
84 尊祐
※数字は国造の代数

その後どうなった？

天平5年（733）の『出雲国風土記』編纂に際しては、郡司の出雲臣広嶋が活躍しました。南北朝時代には国造の継承権争いで千家（せんげ）氏と北島氏に分かれました。現在でも両家が出雲国造家を名乗り、出雲大社の祭祀は千家氏が執り行っています。

祈る豪族

忌部氏（いんべうじ）

祭具の製作や宮殿の造営に携わるも、歴史上から消された祭祀一族

古代の宮中祭祀・祭具製作・宮殿造営などを担い、ヤマト政権の祭祀に不可欠な存在だったのが、「忌部氏」です。

その始祖は天岩戸神話で重要な役割を果たす太玉命（ふとだまのみこと）で、『古語拾遺（こごしゅうい）』では、地方の5柱の神々を従えていたとされています。

この5柱がそれぞれ、出雲、紀伊、阿波、讃岐、筑紫・伊勢という各地の忌部氏の祖になりました。

太玉命の直系である中央氏族・忌部氏の本拠は、奈良県橿原市忌部町一帯とされ、各地の地方忌部から調達された資材を用いて、祭具製作・宮殿造営を担当するのが、忌部氏の職責でした。

しかし、645年に乙巳（いっし）の変が起こって忌部氏と密接な関係にあったと思われる蘇我氏本宗家が滅びると、一族の運命は暗転します。政変の功労者のひとりである中臣鎌足（なかとみのかまたり）が忌部氏と同じく祭祀を職掌とする中臣氏だったことから、忌部氏は次第に排除の対象となってしまうのです。

祭祀研究資料として結実した祭祀一族の歴史

とくに伊勢神宮などへの奉幣使（ほうへいし）（天皇から重要神社への使い）選びが問題となりました。もともと中臣氏と忌部氏が平等に選任されていたのですが、次第に忌部氏は押し出されてしまいます。藤原不比等を祖とする藤原氏の権勢の前には、忌部氏は衰退の一途をたどらざるを得なかったのです。

こうしたなか、忌部氏は「斎部（いんべ）」と改称し、大同2年（807）、一族の長老・斎部広成（ひろなり）が『古語拾遺』を著します。後世、祭祀研究の貴重な史料である本書には中臣氏批判もあり、忌部氏没落への恨みが、貴重な記録を後世に遺したといえるでしょう。

豪族メモ

勢力の中心地● 大和国高市郡忌部（奈良県橿原市忌部町）

始祖● 天太玉命／種別● 神別（天神）／氏姓● 忌部首→忌部連→忌部宿禰

著名な人物● 忌部黒麻呂、斎部広成、斎部文山

忌部氏と各地の忌部

祭具の製作、貢納に従事する役割を担ったのは、中央豪族の忌部氏のほかに、出雲・紀伊・阿波・讃岐等に設置された品部がある。忌部氏はこれらを掌握して物資を徴収した。また紀伊忌部以外は各国国造の管轄下にあり、国造を介して中央への上納を行なっていたともいう。

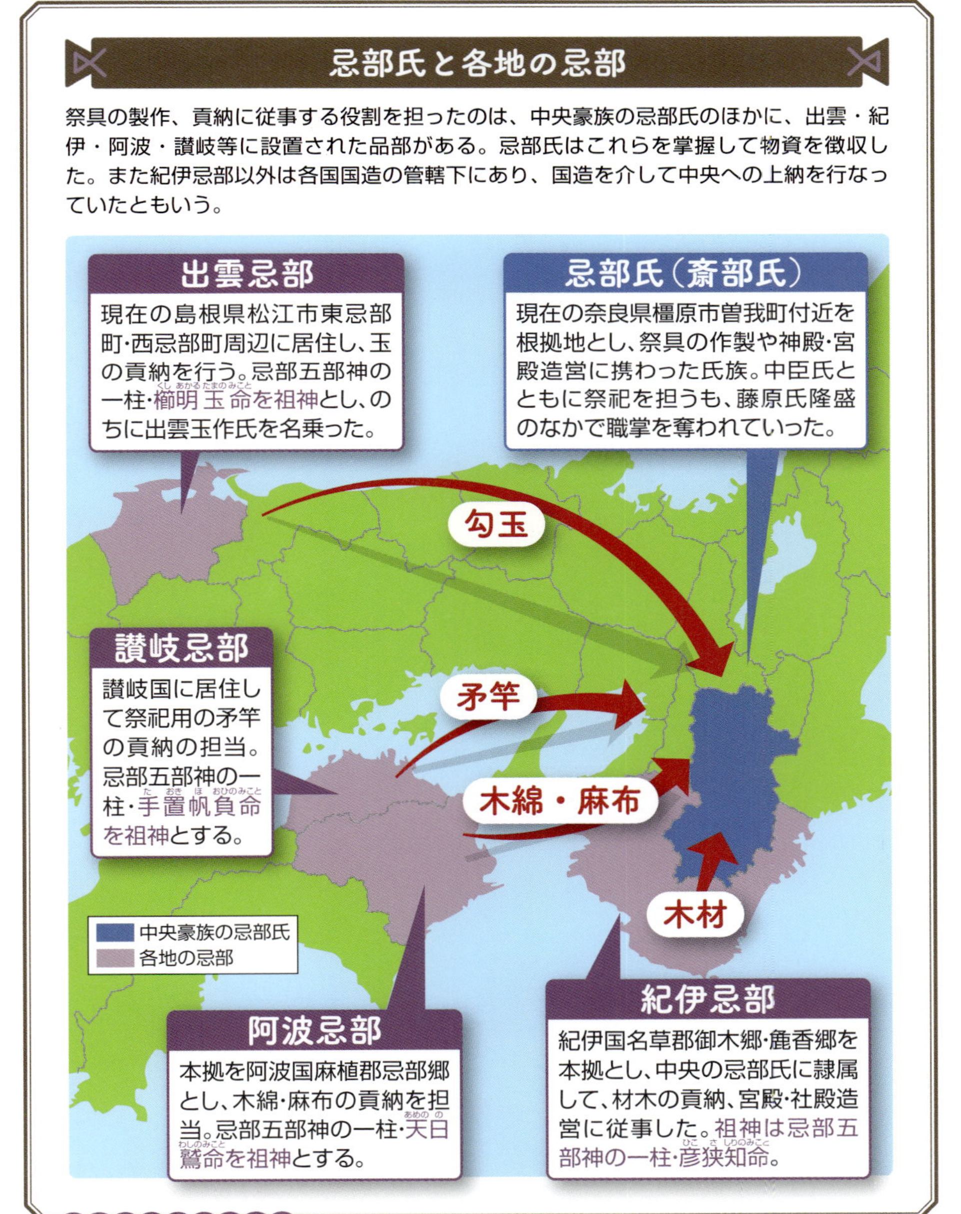

出雲忌部
現在の島根県松江市東忌部町・西忌部町周辺に居住し、玉の貢納を行う。忌部五部神の一柱・櫛明玉命を祖神とし、のちに出雲玉作氏を名乗った。
忌部氏（斎部氏）
現在の奈良県橿原市曽我町付近を根拠地とし、祭具の作製や神殿・宮殿造営に携わった氏族。中臣氏とともに祭祀を担うも、藤原氏隆盛のなかで職掌を奪われていった。
勾玉
讃岐忌部
讃岐国に居住して祭祀用の矛竿の貢納の担当。忌部五部神の一柱・手置帆負命を祖神とする。
矛竿
木綿・麻布
木材
中央豪族の忌部氏
各地の忌部
阿波忌部
本拠を阿波国麻植郡忌部郷とし、木綿・麻布の貢納を担当。忌部五部神の一柱・天日鷲命を祖神とする。
紀伊忌部
紀伊国名草郡御木郷・鹿香郷を本拠とし、中央の忌部氏に隷属して、材木の貢納、宮殿・社殿造営に従事した。祖神は忌部五部神の一柱・彦狭知命。

その後どうなった？

斎部広成による『古語拾遺』編纂以後、斎部氏は中臣氏の勢力に押され続け、歴史の表舞台から姿を消していきました。

祈る豪族

猿女氏

宮中での楽舞をもって王権に奉仕した、芸能の女神の後裔氏族

猿女氏は『古語拾遺』に「猿女君の氏は神楽の事を供る」とあり、宮中祭祀の鎮魂祭などで舞を持って奉仕することを職掌とした一族です。同氏の祖は天宇受売命。天岩戸の前で胸乳を露わにして舞い、神々の笑いを引き出して天照大神を岩戸の外へ誘った天岩戸神話の活躍で知られる女神です。

また、天孫降臨においては瓊瓊杵尊の前に立ちはだかった国津神・猿田彦にその正体を問う役目を果たしています。この後、天宇受売命は猿田彦大神の妻となったことから、「猿女」の氏が生まれたといわれます。

宮廷の祭祀で楽舞を担った氏族 後裔に稗田阿礼が出て、面目躍如

大王の魂の力を高める鎮魂祭では、猿女氏なしでは開けないほど重要な役割を担っていました。猿女氏の楽舞によって、大王が儀式の場に呼び出されるからです。

ただし、『延喜式』には、「縫殿寮に奉仕した」「中臣や忌部に前行した」とある程度で、具体的な職掌が特定できないところがあります。また、同じように宮廷祭祀を担った中臣氏や忌部氏と比べ、猿女氏だけは上級役人になることなく、芸能を担う氏族として終始しました。

『弘仁私記』序などによれば、猿女氏はのちに稗田氏と称したことがうかがえ、その末裔に『古事記』の成立に関わった稗田阿礼が出たとされています。『古事記』の序文によると、28歳で高い識字能力と記憶力を持つ稗田阿礼は、673年に天武天皇より『帝紀』『旧辞』などの文献を誦習するよう命じられました。その後、この事業は天皇の崩御によって一時中断しますが、元明天皇の命を受けた太安万侶が、稗田阿礼の誦習している内容を文字化して和銅5年（712）に『古事記』を完成させました。

豪族メモ

勢力の中心地● 伊勢国？（三重県）

始祖● 天宇受売命／種別● 神別（天神）／氏姓● 猿女君

著名な人物● 稗田阿礼？

天岩戸神話と五伴緒
宮中祭祀を担う氏族のうち、猿女氏、忌部氏、中臣氏などは、天岩戸神話で活躍し、瓊瓊杵尊の天孫降臨に従った、五伴緒と呼ばれる5柱の神々を始祖とする。
石凝姥命
【➡鏡作氏の祖となる】
八咫鏡を製作した。
玉祖命
【➡玉祖氏の祖となる】
八尺瓊勾玉を製作した。
太玉命
【➡忌部氏の祖となる】
八尺瓊勾玉と八咫鏡をかけ、下の枝に青と白の布帛をかけた榊（五百箇真賢木）を持ち、祈禱をした。
天鈿女命
【➡猿女氏の祖となる】
蔓を巻きつけた矛を持ち天岩戸の前に立って舞い踊った。
手力雄神
思兼神
常世の長鳴鶏と呼ばれる鶏もけたたましく鳴いて天照大神を連れ出そうとした。
天児屋命
【➡中臣氏の祖となる】
岩戸の前で祝詞を読み上げた。
天岩戸神話は、素戔嗚尊の乱暴狼藉に怒って岩戸に籠った天照大神を、岩戸の外へ連れ出そうと神々が岩戸の前で饗宴を催すという物語である。

その後どうなった？

稗田阿礼以後も稗田氏はあまり奮わず次第に姿を消し、平安時代には稗田氏に代わって小野氏、和邇部氏などが、猿女を出すようになっていたといわれます。

古代豪族の素朴な疑問

前方後円墳ではどんな祭祀が行われていたの？

大王や豪族の首長など、有力者の墓とされる前方後円墳。墓である以上、何らかの葬送儀礼が行われたことが考えられますが、では、どのような祭祀が行われたのでしょうか？

かつては亡き首長の霊を鎮魂し、その霊を次期首長が継承する儀式と考えられてきました。新しい首長が先代の霊魂を受け継ぐことで、首長としての地位を得るという解釈です。しかし、肉体と霊魂が分離するという概念が日本に生まれたのは5世紀後半ともいわれ出し、この考え方には無理があるといわれるようにもなってきました。

一方で、弥生時代後期には、「死した首長が共同体を守るカミとなる」という考え方が形成されていました。このため、前方後円墳の祭祀は首長の肉体を墓に封じ込める儀式とも解釈されます。多くの副葬品と共に埋葬された遺骸は石棺に入れられたうえで古墳の地中に厳重に封印されました。こうすることで首長の霊は、カミへと昇華するとみなされたようです。

前方後円墳を読み解く

実は前方後円墳と言っても一様ではなく時代によって形状が変化しています。図の形式は巨大古墳が次々に築造された古墳時代中期前半に生まれた形式です。

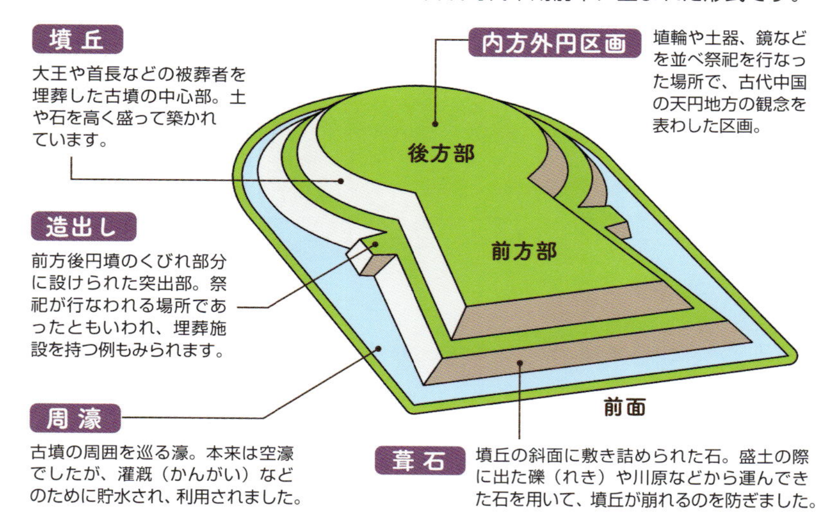
墳丘
大王や首長などの被葬者を埋葬した古墳の中心部。土や石を高く盛って築かれています。
内方外円区画
埴輪や土器、鏡などを並べ祭祀を行なった場所で、古代中国の天円地方の観念を表わした区画。
後方部
前方部
造出し
前方後円墳のくびれ部分に設けられた突出部。祭祀が行なわれる場所であったともいわれ、埋葬施設を持つ例もみられます。
前面
周濠
古墳の周囲を巡る濠。本来は空濠でしたが、灌漑（かんがい）などのために貯水され、利用されました。
葺石
墳丘の斜面に敷き詰められた石。盛土の際に出た礫（れき）や川原などから運んできた石を用いて、墳丘が崩れるのを防ぎました。

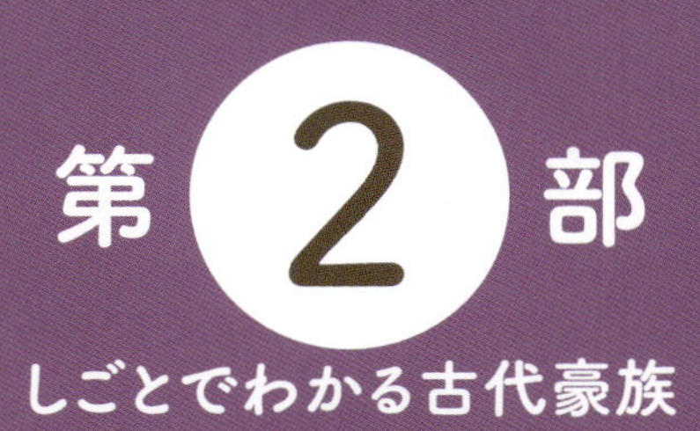

第2部

しごとでわかる古代豪族

第２章

作る豪族

様々な技術でヤマト政権を支えた氏族

9 作る豪族

古代のものづくり

4世紀後半、続々とやってきた渡来人により、技術革新が起こる

『日本書紀』によれば、第15代・応神天皇の治世に、朝鮮半島から高度な技術を持つ渡来人が数多く渡って来たとあります。4世紀後半のことと推定され、以降、鉄器の生産、須恵器の焼成、機織り、土木などの技術が次々に伝来しました。

文化面では漢字の伝来があり、以降、漢字の「音」によって日本語を記録することができるようになります。王仁、阿知使主、弓月君らの氏族の渡来もこの時期とされます。

とくに百済から来た王仁は、『論語』や『千字文』を日本にもたらし、文筆・出納管理に当たった西文氏の祖になりました。

中小豪族によって管理された多様な職能集団

ヤマト政権は、こうした渡来人たちを職能ごとに組織化し、日本各地に定住させ、中級豪族に管理させました。

配下の職能集団である「伴」を管理する者を「伴造」といいます。

5世紀から6世紀にかけて渡来人が急増すると、ヤマト政権は彼らを「品部」として編成し、伴造に統括させました。具体例としては、韓鍛冶部・陶作部・錦織部・土師部・鞍作部・玉作部・史部などが挙げられます。

加えて伴造は、大王家の領地を管理し、生活に必要な物資を供給する名代、子代という部民の統括も任務としました。

統括者としての伴造に対し、馬飼造のように職能と「造」の姓で呼ばれる地方豪族は、その職能によって大王に仕える集団のことです。その下のクラスの特定職能の豪族には「首」が与えられました。また、ほかに朝鮮への使者を務める「吉士」、政権の書記を務める「史」などの姓がありました。

古代史の舞台を覗く!

飛鳥池工房遺跡

飛鳥池工房遺跡 ▶▶▶ 天武朝期において、官営の工房が立ち並んでいました。

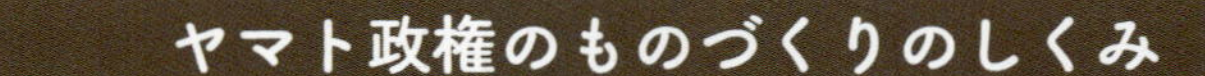

ヤマト政権のものづくりのしくみ

ヤマト政権は彼らを各分野の技術者集団「品部」に編成して列島各地に居住させ、生産に当たらせた。これらを伴造が管理し、さらにそれを造・首・史などの姓を与えられた氏族が管理した。

大夫（まえつおみ）

伴造　ヤマト政権に世襲的職掌をもって仕えた職能集団「伴」の首長を指す。品部を管理下に置くのは主に中流豪族だった。

管理

伴　ヤマト政権のトップである大王に奉仕する職能集団。

品部　大王に従う農民以外の勤労の民。特定の職能でヤマト政権に仕えた集団。

〈生産部門〉〈職能部門〉

部	説明
錦織部	錦を織る職掌。全国各地に散在していた。
韓鍛冶部	鉄器類を製造する渡来系の人々。
鍛冶部	刀剣やその他の刃物を製造する人々。
陶作部	須恵器を製造する人々。
土師部	土師器を製造する人々。
玉作部	碧玉や硬玉を用い、勾玉や管玉を製作する人々。
馬飼部	馬の飼育に従事する人々。
史部	記録や文書を担当する人々。

作る豪族

土師氏

埴輪の製作を担い、ヤマト政権の墓制を支えた一族

土師氏は、ヤマト政権の葬送や埴輪の製作を職掌とした氏族です。出雲氏と同じ天穂日命を始祖とし、その14世の末裔・野見宿禰が土師姓を賜わったのが同氏の始まりです。

11代垂仁天皇の時代、出雲主身の野見宿禰は、王家の陵墓に生きた人間を埋める殉死の習慣を止め、代わりに土を人や馬の形に象り素焼きした「埴輪」を並べることを提案しました。天皇は喜び、宿禰を「土師職」に任じます。

こうして古墳時代には、弥生土器を改良した土師器の文化が発展しました。赤褐色の土師器は硬質で、主に日用品に用いられました。

古墳時代中期の5世紀に大陸から須恵器の技術が伝来するまで、土器から埴輪まで土師器の製法が用いられるようになりました。

しかし、土師氏の伝承や記録は埴輪や埋葬、陵墓に関係するものが中心であり、権力に近い中央氏族ではありませんでした。

律令制下で三氏に分裂 学者の家に変わる

土師氏は土師部の管理などにあたる伴造氏族であり、684年の天武天皇の「八色の姓」制定の折には宿禰姓を賜わりましたが、この頃にはものづくりとは別にもうひとつ重要な役割を負うようになっていました。

土師氏は代々大王家の古墳築造に従事してきたため、多くの役夫を抱えていました。役夫は兵士に転用できるため、軍事氏族としての性格も持つようになったのです。実際に穴穂部皇子殺害には土師磐村の名を、蘇我石川麻呂の謀反鎮圧には土師身の名を見ることができます。

その後土師氏は5世紀末頃、大伴氏とつながりを深め、6世紀初めに中央氏族の一角に入ると、奈良時代末期に菅原・大江・秋篠などに改姓。大きく三氏に分かれました。

豪族メモ

勢力の中心地● 河内国道明寺一帯（大阪府藤井寺市）など

始祖● 天穂日命／種別● 神別（天孫）／氏姓● 土師臣→土師連→土師宿禰

著名な人物● 野見宿禰、大江広元、菅原道真

系譜で読み解く土師氏

出雲氏同様、天穂日命を祖とし、殉死の風習を改めるために人型埴輪を考案した野見宿禰がその功績により土師の姓を賜った。

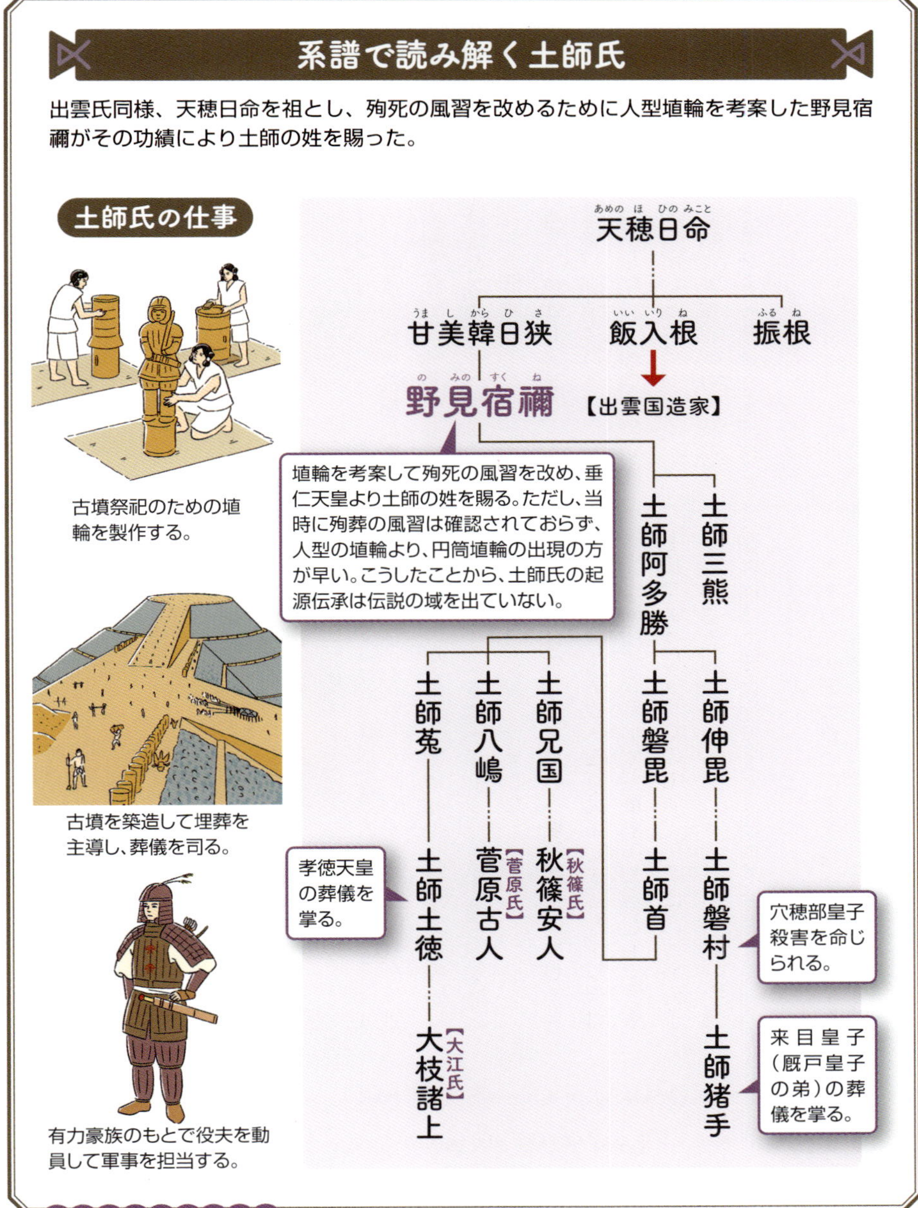
土師氏の仕事
古墳祭祀のための埴輪を製作する。
古墳を築造して埋葬を主導し、葬儀を司る。
有力豪族のもとで役夫を動員して軍事を担当する。
天穂日命（あめのほひのみこと）
甘美韓日狭（うましからひさ）
飯入根（いいいりね）
振根（ふるね）
野見宿禰（のみのすくね）
【出雲国造家】
埴輪を考案して殉死の風習を改め、垂仁天皇より土師の姓を賜る。ただし、当時に殉葬の風習は確認されておらず、人型の埴輪より、円筒埴輪の出現の方が早い。こうしたことから、土師氏の起源伝承は伝説の域を出ていない。
土師三熊
土師阿多勝
土師伸毘
土師磐毘
土師兄国
土師八嶋
土師菟
土師磐村
穴穂部皇子殺害を命じられる。
土師首
秋篠安人【秋篠氏】
菅原古人【菅原氏】
土師土徳
孝徳天皇の葬儀を掌る。
土師猪手
来目皇子（厩戸皇子の弟）の葬儀を掌る。
大枝諸上【大江氏】

その後どうなった？

菅原・大江両氏は長く学者の家として栄え、菅原氏からは平安中期の政治家・菅原道真が出ています。また、大江氏は平安末期に源頼朝に仕えた大江広元を輩出。その系譜はやがて、戦国大名の毛利氏へとつながっていきました。

作る豪族

鞍作氏

仏教信仰の先駆けとなる一方、仏師を輩出した渡来系氏族

6世紀から7世紀半ばに活躍した渡来系氏族である鞍作氏は、もとは馬の鞍の製作を職掌としていました。

始祖とされる司馬達等は、仏教伝来前の522年に渡来し、大和国高市郡坂田原（奈良県明日香村阪田）に草堂を結び、本尊を安置して帰依礼拝していたといいます。

司馬達等の娘の嶋は11歳で得度して善信尼となり、その弟子に禅蔵尼、恵善尼が出て、日本初の出家尼になりました。

いずれも渡来系の3人の尼は、蘇我馬子の崇敬を受けました。

蘇我氏と廃仏派の物部氏の争いのなかで弾圧も受けたようですが、蘇我氏が物部氏を滅ぼすと、百済留学から帰った善信尼らは、飛鳥の桜井寺に住みました。

この頃、鞍作氏から、司馬達等の息子・多須奈が出家し、徳斉法師と名乗ります。徳斉法師は、鞍作氏の氏寺「南淵の坂田寺」（明日香村）を創建しました。

稀代の仏師が登場 飛鳥仏の大半を造り上げる

多須奈の息子は、飛鳥寺の本尊として現存する一丈六尺の釈迦如来座像（606年）を造った鞍作鳥（止利）です。

止利仏師として知られる彼は、この時期の国内製作の飛鳥仏の大半を製作したとされ、法隆寺金堂の国宝・釈迦三尊像の光背銘にも名が刻まれています。

鞍作氏ではほかに、607年の小野妹子の遣隋使派遣の折に通訳として同行した鞍作福利が知られます。

福利は隋からの使者・裴世清が帰国する折も通訳として隋に同行し、そのまま隋に留まったようです。

豪族メモ

勢力の中心地● 大和国高市郡坂田原（奈良県明日香村阪田）

始祖● 司馬達等／種別：諸蕃／氏姓：鞍作村主（すぐり）

著名な人物● 司馬達等、鞍作福利、鞍作鳥

職掌でヤマト政権を支えた豪族
鞍作氏（くらつくり）
7世紀半ばに渡来した渡来系氏族で、馬の鞍の製作を職掌とする一方、蘇我氏と密接な関係を持って一族の司馬達等が国内で初めて仏教信仰を行うなど仏教興隆に貢献。その孫には鞍作鳥が登場し、仏師として優れた作品を残した。
弓削氏（ゆげ）
弓の製作と貢納を職務とする弓削部を統率した伴造氏族。大化改新以前、物部氏の勢力圏を本拠地としていることから、その支配下にあったと考えられている。古代の弓は175〜210cmほどで当時の一般的な武器であった。
山部氏（やまべ）
山林の資源を調達し、宮廷に献上する山部を管理した氏族。食材の調達などを主導していたようであるが、律令国家へと変貌するなかで軍事氏族化していった。
坂合部氏（さかいべ）
国境の画定作業に当たる部を統括する伴造氏族と考えられ、多氏などとともに2代綏靖天皇の兄・神八井耳命の後裔とされる。『新撰姓氏録』によると、尾張氏系とも阿倍氏系とも推測でき、複数の系統があった可能性が高い。
河内馬飼氏（かわちのうまかい）
4世紀末頃に渡来した馬は、現在の大阪市から東大阪市にかけての一帯にあった河内湖周辺に開かれた河内牧で育てられた。こうした牧でヤマト政権の馬の飼育と調教を職務としたのが河内馬飼氏。継体朝以降は外交や軍事面での活躍も見られる。
的氏（いくは）
平城京および平安京の宮城に開く12の門のひとつ「郁芳門」の旧名「的門」を由来とし、天皇に近侍して身辺を守る軍事氏族。かつては宮門の警備に当たっていたと考えられている。6世紀に朝鮮半島遠征で活躍したが、7世紀以降衰退した。

その後どうなった？

仏教文化の興隆のなかで、時代を牽引する活躍を見せていた鞍作氏でしたが、関係の深かった蘇我蝦夷（えみし）・入鹿（いるか）父子が乙巳の変で滅ぼされると、衰退は避けられず歴史上の記録から姿を消しています。

作る豪族

西文氏(かわちのふみうじ)

日本に文字と『論語』をもたらした官僚一族

4世紀頃、第15代・応神天皇の招きに応じて百済から渡来し、日本に『論語』と『千字文』をもたらした王仁(わに)という人物がいたとされます。彼の功績により、日本に漢字がもたらされたといわれています。

この王仁を祖とするのが西文氏(かわちのふみうじ)。西文氏は文筆のスペシャリストとして、文書や記録の作成、外交などの幅広い分野で活躍しました。『古語拾遺(こごしゅうい)』には、5世紀後半の雄略(ゆうりゃく)朝の時代に、蘇我氏、秦氏と並ぶかたちで、「東西の文氏をして、其の簿(しるしぶみ)に勘べ録(しら しる)さしむ」と記述があります。この「西の文氏」が西文氏で、蘇我氏のもとで、ヤマト政権の財政の管理にあたっていたとみられます。

6世紀半ばか、7世紀前半の創建とされる、大阪府羽曳野市の西琳寺(さいりんじ)を氏寺とし、現在の中・南河内地方を本拠としていたことから、同氏は大和国の東漢氏(やまとのあやうじ)に対して西文氏と称しました。

壬申の乱で活躍し、天武天皇に信頼された書首根摩呂

『日本書紀』によれば、壬申(じんしん)の乱の際、大海人皇子と吉野を出たときから行動を共にした二十余人のなかに、舎人の「書首根摩呂(ふみのおびとねまろ)」という名があります。

この人物は西文氏の出身で、村国男依(むらくにのおより)らと不破から近江方面を攻撃する数万の軍勢を率い、近江朝軍を破るのに貢献しました。彼は文官より、武官として立身したのです。

記録係的な官僚の氏族だった西文氏から出た書首根摩呂は、最終的に左衛士府督という武官の要職に就き、707年に亡くなったときは従(じゅ)四位下(しいげ)でした。元明天皇は、使者を遣わして詔(みことのり)を述べさせ、壬申の年の功により正四位上と絁(あしぎぬ)(絹布の一種)と布を贈ったと『続日本紀(しょくにほんぎ)』に記されています。

豪族メモ

勢力の中心地	河内国古市郡西琳寺周辺（大阪府藤井寺市・羽曳野市一帯）
始祖	王仁／種別● 諸蕃／氏姓● 西文首→西文連→西文忌寸→西文宿禰
著名な人物	王仁、書首根摩呂

王仁と西文氏の系譜

『論語』と『千字文』とともに来日したとされる王仁の子孫は、西文氏を名乗り文筆や記録の作成など幅広い分野で活躍した。

漢・高帝
漢の高祖・劉邦のこと。
鸞王
王狗
百済王に転じる。
王陶
王仁
『古事記』にある、応神朝に『論語』『千字文』とともに渡来した和邇吉師とされる。
強子首
宇爾子首
博浪子首
阿浪子首
西文首
政権内の文筆や記録の作成を担当した氏族。
馬史
桜野首
古志史

応神天皇の招きを受けて渡来した王仁。
(『前賢故実』より)

その後どうなった?

文筆をもって長くヤマト政権に仕えた西文氏の姓は、当初「首」でしたが、683年に「連」の姓を賜ると、685年に「忌寸」、さらに平安時代に入って延暦10年（791)に「宿禰」の姓を賜りました。

作る豪族

百済王氏

百済の亡命王族を祖とし、近江開発に尽力した一族

「百済王氏」という特異な名称を持つ氏族の祖とされるのが、朝鮮半島にあった三国のひとつ百済の最後の王となった義慈王の子・善光（余禅広）です。631年に兄の豊璋とともに百済からの人質として渡来した人物でした。

660年、その百済の王都が唐・新羅連合軍により陥落。義慈王が唐に連行され、百済は滅亡します。しかし、地方はまだ唐・新羅の制圧下になかったため、遺臣たちが国家復興を企図してヤマト政権に援助を求めてきました。

これを受けて、兄の豊璋は百済王として日本の冊封を受け、帰国。一方の善光は日本に留まります。しかし、663年の白村江の戦いで日本が大敗し、百済再興は失敗に終わりました。

ヤマト政権に溶け込んだ百済の亡命王族

百済滅亡後、祖国を喪った王族・貴族から官人・一般市民まで、百済から多くの避難民が日本にやってきます。

当時、大津への遷都を考えていた中大兄皇子は、百済人400余を近江国神前郡に、700人ほどを同国蒲生郡に移住させています。これは近江を百済人たちの技術によって、飛鳥以上の先進的な都にするためでした。

善光も7世紀後半、持統天皇より百済王氏の氏姓を与えられ、百済王氏は日本の氏族のひとつとなりました。彼の後裔は代々中央官人として活躍しています。

聖武天皇の治世には、陸奥守など地方官を歴任した百済王敬福が、天平21年（749）、黄金900両を献上した記録があります。当時は東大寺の盧舎那仏が造営中であり、朝廷は資金難に直面していました。そこにもたらされた多額の黄金は朝廷を喜ばせ、敬福は従三位の位と宮内卿、河内守の職を与えられたのでした。

豪族メモ

勢力の中心地● 河内国北河内交野郡中宮郷（大阪府枚方市中宮）

始祖● 余禅広／種別● 諸蕃／氏姓● 百済王→百済王朝臣

著名な人物● 百済王善光、百済王敬福、百済王明信

百済王氏の系譜と興亡

百済滅亡後、日本に亡命した人々を中心とする百済王氏は、始祖の善光以降、官人化を進めるなかで各地の開発に貢献した。

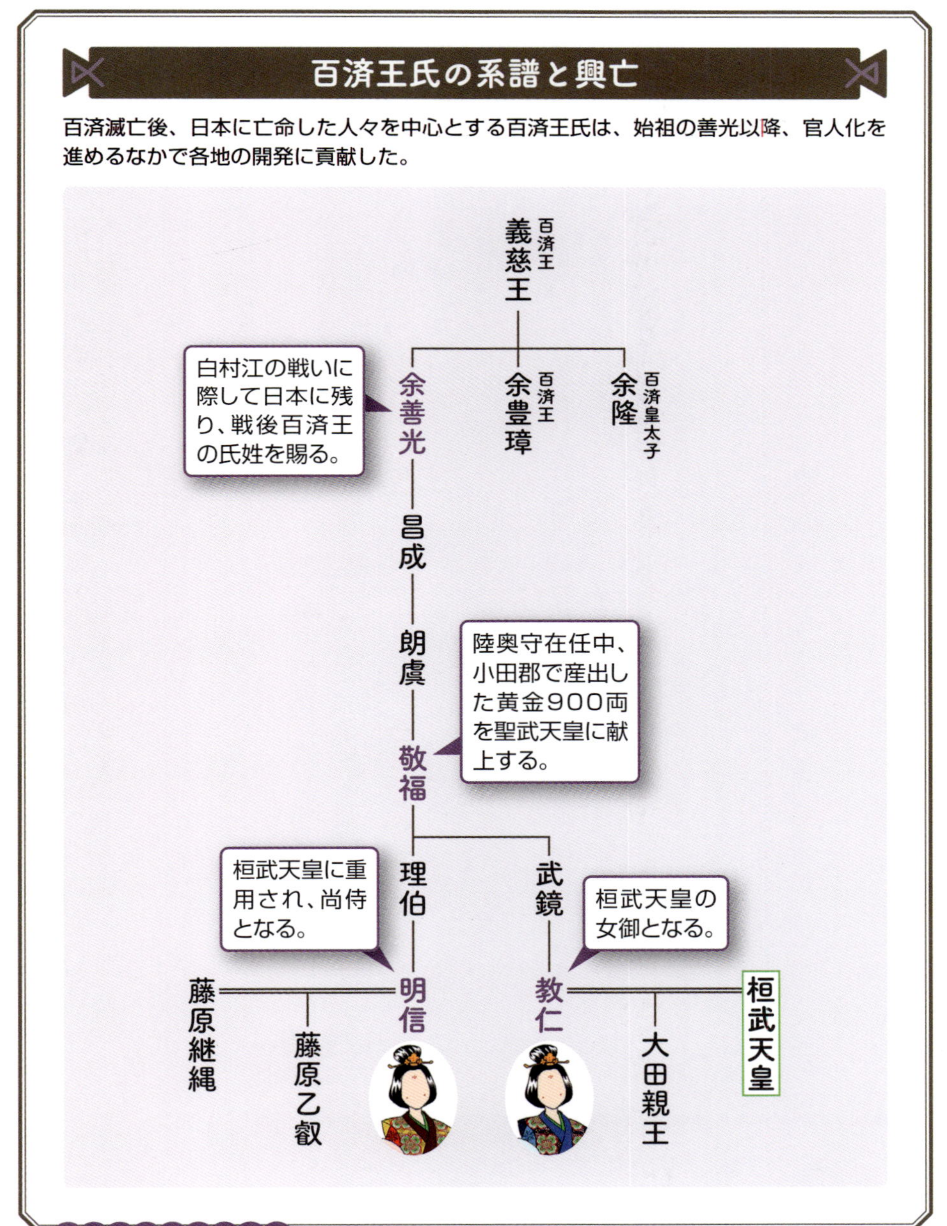
百済王 義慈王
余善光
百済王 余豊璋
百済皇太子 余隆
白村江の戦いに際して日本に残り、戦後百済王の氏姓を賜る。
昌成
朗虞
敬福
陸奥守在任中、小田郡で産出した黄金900両を聖武天皇に献上する。
理伯
武鏡
桓武天皇に重用され、尚侍となる。
桓武天皇の女御となる。
藤原継縄
藤原乙叡
明信
教仁
大田親王
桓武天皇

その後どうなった？

平安時代初期には、後宮にて百済王氏の女性たちが活躍。百済王明信が尚侍に就任し桓武天皇から信頼されました。また、百済王武鏡の娘・教仁も桓武天皇の女御となり、大田親王を生んでいます。

作る豪族

高麗氏（こまうじ）

関東に入植し、武蔵の開拓を請け負った高句麗からの亡命氏族

668年、高句麗（こうくり）は唐・新羅連合軍によって滅亡しました。この際、百済滅亡時と同様、多くの高句麗人が日本に逃れました。高麗氏は、こうした高句麗からの渡来人の末裔です。

703年、高句麗王族とされる高麗若光（じゃっこう）が日本から「王（こにきし）」の姓を授けられます。さらに716年、東国7か国に散在していた1799人の高句麗人が武蔵（むさし）国に移され、「高麗郡（こまのこおり）（現・埼玉県日高市・飯能市一帯）」が設置されました。旧高句麗の人々は、現地の開拓に従事したようです。若光もこの地に移住し、同郡の長官となりました。『高麗氏系図』では、この若光を高麗氏の始祖としています。

若光の死後、郡民はその徳を偲んで若光を祀り、高麗神社を創建しました。以来、1300年、60代にわたって高麗氏の子孫が神社の宮司を務めるこの神社は、6人の政治家が参拝後に内閣総理大臣に就任したことから、「出世明神」としても知られています。

中央政界に進出後、「高倉」に改姓し日本に同化する

また、『続日本紀』にある背奈福信（せなふくしん）という人物の薨文（こうぶん）によると、福信の祖父・背奈福徳（ふくとく）は、高句麗滅亡後に日本へ亡命し、武蔵国に住んだことが記されています。

福徳と若光の系譜的なつながりは確認されていませんが、父子関係にあるのではないかとの説もあります。

のち、福徳の子である行文は、甥の福信とともに上京して中央政界で活躍し、背奈福信も750年に「高麗朝臣」の姓を賜りました。

しかし779年、福信は「高麗」姓を捨て、「高倉朝臣」に改姓を願い出て許されています。この改姓は、律令国家が進める国風化に順応するためだったと考えられています。

豪族メモ

- 勢力の中心地● 武蔵国高麗郡高麗郷（埼玉県日高市高麗）
- 始祖● 高麗若光／種別● 諸蕃／氏姓● 高麗王→高麗王朝臣
- 著名な人物● 高麗若光、背奈行文、背奈福信

武蔵に土着し官人化した高句麗の王族

高麗氏には2系統がある。ひとつは703年に王の姓を賜った若光の系譜で、高麗神社の神職を務める家系となった。もう一方は高句麗滅亡に伴い亡命した高麗朝臣系の系譜で、官人としての活躍がみられる。

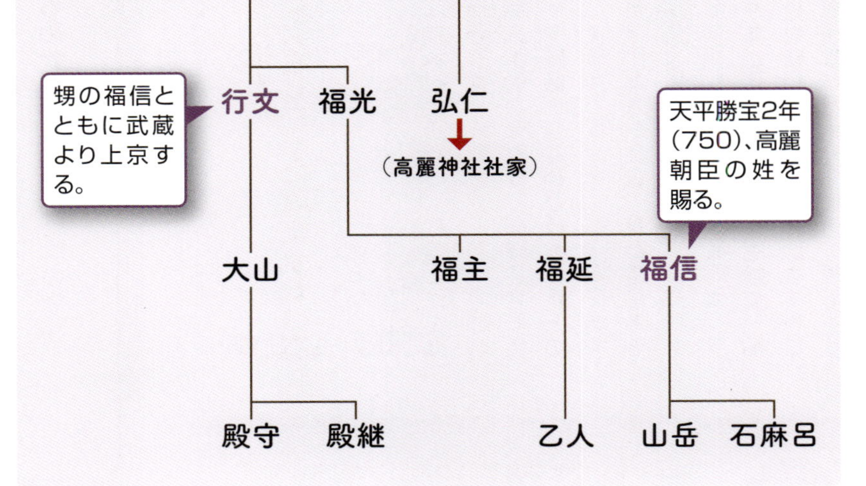
〈高麗朝臣系図〉
広開土王
4世紀の倭国の侵攻を撃退する。
（略）
延興王
（略）
福徳
高句麗滅亡の際に帰化し、武蔵に土着。若光の子とする説もある。
行文
甥の福信とともに武蔵より上京する。
福光
大山
殿守
殿継
〈高麗神社社家系図〉
宝蔵王
若光
王（こにきし）の姓を賜る。
家重
聖雲
弘仁
（高麗神社社家）
福主
福延
福信
天平勝宝2年（750）、高麗朝臣の姓を賜る。
乙人
山岳
石麻呂

その後どうなった？

行文はその後、『万葉集』『懐風藻』に詩歌を発表し、文人として名を残しました。また、高麗大山、広山らのように外交使節として唐、渤海に渡った人々もいました。こうした王族系の高麗氏とは別に大狛、狛氏を称した系統もありました。

作る豪族

采女氏（うねうじ）

5世紀から律令制の時代まで古代の後宮を管理した物部氏の支流

「采女（うねの）」とは、主に地方の豪族（国造・郡司）が服属の証として大王に献上していた子女、姉妹のことを言います。「采女氏」は、この采女を統括していた伴造の氏族と考えられます。

とはいっても、物部氏と同じく饒速日命（にぎはやひのみこと）を祖とするという名門氏族とされ、一説にはヤマト政権の地方支配が強化されて、多くの采女が献上されるようになったため、采女を管理する専門の伴造が必要になり、物部氏から「采女臣」が分立したのではないかとされています。

地方豪族が差し出した子女と言っても、その扱いはひどいものではなく、宮廷内で食事の準備や接待、儀式での補助などを担う役職であり、天皇はやむを得ないものとしても、廷臣が采女と通じることは禁じられていました。

6世紀の推古天皇の後宮に仕えた女性たちは、王族出身の高級官女、中央貴族の子女である女孺（にょじゅ）、地方から貢進された采女の構成になっていました。采女のなかには、芸術的なセンスを持った教養人もおり、国宝に指定される『天寿国曼荼羅繍帳（てんじゅこくまんだらしゅうちょう）』は采女たちが中心となって製作した逸品といわれます。

律令体制下で采女司の「世襲制」が規定される

名前が伝わる采女氏の人物は多くありません。628年に推古天皇が後継者を明確にせずに崩御したとき、田村皇子（たむらのみこ）（のちの舒明（じょめい）天皇）と山背大兄王のいずれが皇位継承すべきか議論が出るなか、田村皇子を推す群臣のひとりに采女臣摩礼志（うねめのおみまれし）の名が見えるくらいです。

8世紀に律令体制が確立すると、宮内省のなかに「采女司（うねめのつかさ）」が設けられます。『延喜式（えんぎしき）』（928年）には、采女の統括には「采女朝臣を用いる」と規定され、その職掌は世襲されていきました。

豪族メモ

- 勢力の中心地● 不詳
- 始祖● 饒速日命（氏祖・大水口宿禰命）／種別● 神別（天神）／氏姓● 采女臣→采女朝臣
- 著名な人物● 采女摩礼志、采女竹羅、采女枚夫

古墳時代の後宮のしくみ

古墳時代から飛鳥時代にかけての後宮に仕えた女性は、皇族の女性および中央貴族の子女の高級女官、そして、地方の豪族から貢進された采女という構成になっていた。

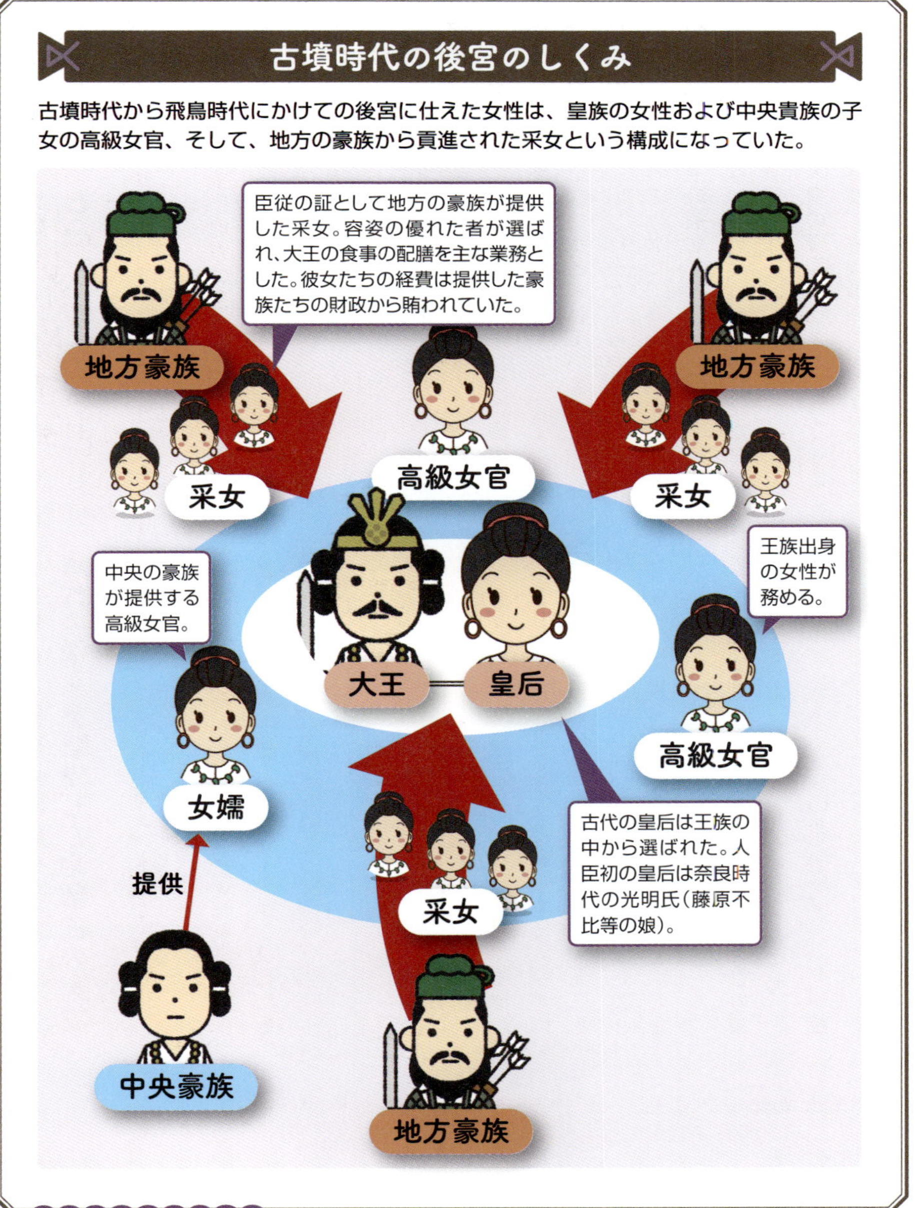
臣従の証として地方の豪族が提供した采女。容姿の優れた者が選ばれ、大王の食事の配膳を主な業務とした。彼女たちの経費は提供した豪族たちの財政から賄われていた。
地方豪族
地方豪族
采女
高級女官
采女
中央の豪族が提供する高級女官。
王族出身の女性が務める。
大王
皇后
高級女官
女嬬
提供
采女
古代の皇后は王族の中から選ばれた。人臣初の皇后は奈良時代の光明氏（藤原不比等の娘）。
中央豪族
地方豪族

その後どうなった？

また天武期に活躍した采女臣竹羅（つくら）が、681年に遣新羅大使として新羅に派遣されたという記録が見られます。

古墳からは
どんな副葬品が出土する？

古墳の石室や棺には被葬者とともに様々な副葬品が埋納されています。副葬品とは、死者に添えられた品々のことで、その種類は、大きく分けて、鏡、鉄製武器・甲冑、鋤や鍬などの鉄製農具で、装身具や土器も発見されています。ただしそうした個人の所有物が埋納されるのは古墳時代も終わりになってからのこと。3世紀半ば〜5世紀末までに築かれた古墳では、個人の所有物が副葬されることはほとんどありませんでした。

前期に多く埋葬されていたのが銅鏡で、中期になると鉄の甲冑や刀剣、鉄鉾や鉄鏃など武器が増えます。武器と鏡はともに辟邪（へきじゃ）の役割を持つ一方で、前者は共同体の武力を、後者は中国王朝の後ろ盾を示すもの。また、生産財である農具は豊穣を願うものといえます。

こうしてみると古墳時代における副葬品は、カミとなった首長に、共同体の繁栄と存続のためにもうひと働きしてもらうための道具であったともいえるでしょう。

古墳の主な副葬品

鏡

何十枚も発見されるケースがあり、個人が使用するものではないことがわかります。中国の権威を示す威信財とされます。
（和泉黄金塚古墳出土／東京国立博物館蔵）

武具

甲冑や弓矢、鉄剣など。4世紀以降に増加するもので、武力を体現する権力財とされます。
（東京国立博物館蔵）

須恵器

5世紀末以降、生活に必要な器財が副葬されるようになります。個人が使うもので、86頁に示した霊魂観の成立が関係していると思われます。

農具

豊かな実りを約束する生産財とされます。

第
2
部

しごとでわかる古代豪族

第3章

戦う豪族

ヤマト政権を武の力で守った氏族

戦う豪族

政権の軍事システム

豪族の私兵の寄せ集めだったヤマト政権の軍隊

律令制国家の成立以前、ヤマト政権の軍事組織は、大王、王族、有力豪族がそれぞれに私兵を持つもので、直轄の軍隊はありませんでした。

6世紀になって、大王や王族に近侍する「舎人（とねり）」が整備されると、中央の中流豪族や地方豪族の子弟らは、出仕を名誉としたため、舎人の数が増加します。たびたび起こった王族同士の争いは、互いの舎人集団による戦いでした。

一方で王宮の門の警備を担った「靫負（ゆげい）」という役職がありました。靫負は中央の中流豪族の子弟を中心に組織され、大王直属ではなくヤマト政権が組織した集団でした。そのため、大王家の内紛で動員されることはありませんでした。

この靫負を指揮・統率したのが大伴氏（おおともうじ）で、その配下には、ほかに朝廷に帰順した蝦夷（えみし）から成る佐伯部（さえきべ）、大和の山地の土着民から成る久米部（来目部（くめべ））などの集団も存在しました。

物部氏も軍事を担う氏族ですが、政権内では、彼らが反乱の鎮圧を担ったのに対し、大伴氏が警備・防衛を担当するというように住み分けがなされていたようです。

唐の制度に倣って確立した律令制国家の軍制

663年に白村江の戦いで大敗したヤマト政権は、豪族の私兵の寄せ集めという状況に限界を痛感し、軍制改革に着手します。

唐の制度に倣った「衛府（えふ）・軍団の制」では、天皇の身辺や宮城を警備する軍隊である「衛府」と、国司に属する「軍団」が、一定の法に則って農民を徴発し、組織化されました。

地方の軍団は国司が管轄し、武芸に秀でた下級官人や郡司の子弟などが千人単位の軍団の指揮官を務めました。中央の衛府の衛士は、有力貴族に統率され、各地の軍団から選抜された兵士から編制されていました。

古代史の舞台を覗く！

鬼ノ城（きのじょう） ▶▶▶ ヤマト政権が瀬戸内海沿いに築いた城のひとつです。

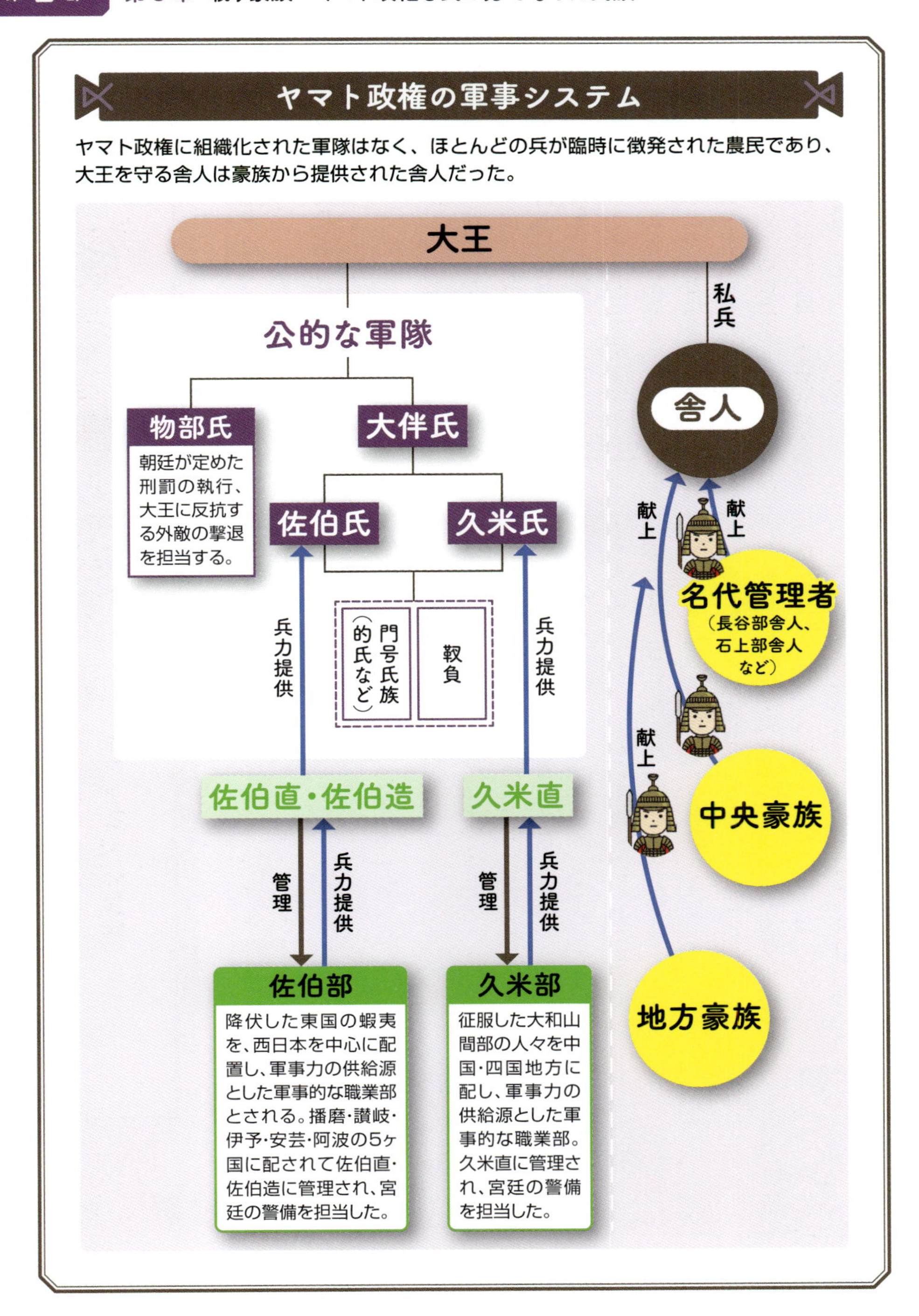
ヤマト政権の軍事システム
ヤマト政権に組織化された軍隊はなく、ほとんどの兵が臨時に徴発された農民であり、大王を守る舎人は豪族から提供された舎人だった。
大王
公的な軍隊
物部氏
朝廷が定めた刑罰の執行、大王に反抗する外敵の撃退を担当する。
大伴氏
佐伯氏
久米氏
門号氏族（的氏など）
靫負
兵力提供
兵力提供
佐伯直・佐伯造
久米直
管理
兵力提供
管理
兵力提供
佐伯部
降伏した東国の蝦夷を、西日本を中心に配置し、軍事力の供給源とした軍事的な職業部とされる。播磨・讃岐・伊予・安芸・阿波の5ヶ国に配されて佐伯直・佐伯造に管理され、宮廷の警備を担当した。
久米部
征服した大和山間部の人々を中国・四国地方に配し、軍事力の供給源とした軍事的な職業部。久米直に管理され、宮廷の警備を担当した。
私兵
舎人
献上
献上
献上
名代管理者
（長谷部舎人、石上部舎人など）
中央豪族
地方豪族

戦う豪族

東漢氏

蘇我氏の私兵的役割を果たすも、天武朝以降も重用された渡来系氏族

秦氏［64頁］と並ぶ渡来系の有力氏族のひとつ東漢（倭漢）氏は、大和国高市郡（奈良県明日香村）の於美阿志神社に祀られる阿知使主を祖とし、檜前郷一帯を本拠地としていました。『新撰姓氏録』では漢の劉邦の末裔とありますが、実際は百済・伽耶系の氏族と見られます。『古語拾遺』に5世紀前後の雄略天皇の時代、財政管理にあたって「秦氏が出納にあたり、東西の文氏が帳簿を預かった」とあり、このうちの「東の文氏」が東漢氏です。

当初は大伴氏の配下でしたが、大伴氏が継体朝期に没落すると蘇我氏に従うようになります。

592年には、蘇我馬子の命を受けた東漢駒が崇峻天皇を暗殺するという事件を起こし、また、蘇我氏本宗家が滅亡した乙巳の変では、蘇我蝦夷・入鹿の邸宅の守りを担当しており、蘇我氏の私兵的な存在となっていたことがうかがえます。

壬申の乱後、罪を難じられるも土木技術で重用される

壬申の乱では、大友皇子の近江朝方に属して戦った一族がいたため、天武天皇は、推古朝以来の「7つの罪」を指摘し、東漢氏を厳しく追及しました。

しかし、今後の忠勤を条件に罪には問わず、東漢直らに一括して連姓を与え、さらに忌寸姓を与えて重用することにしました。

軍事氏族としてヤマト政権に貢献する一方で、東漢氏は土木・建築の分野での活躍も多く、元興寺塔露盤銘には、製作者として東漢氏の工人の名が見られます。また、乙巳の変後の難波長柄豊碕宮の造営にあたっては、造営長官に倭漢比羅夫が任ぜられました。

こうした面からも朝廷にとって欠かせない存在であったといえるでしょう。

豪族
メモ

勢力の中心地● 大和国高市郡（奈良県明日香村）

始祖● 阿知使主／種別● 諸蕃／氏姓● 東漢直→東漢忌寸

著名な人物● 東漢駒、倭漢比羅夫、坂上田村麻呂

檜前に暮らした渡来系氏族
阿知使主
都賀使主
応神天皇の時代に親子で渡来する。
山木直
志努直
爾波伎直
阿素奈直
志多直
阿良直
刀禰直
鳥直
駒子直
韋久佐直
蘇我馬子の命を受けて崇峻天皇を暗殺する。
甲由直
糠手直
弓束直
小桙直
老連
大国
犬養忌寸
大和の渡来系氏族の居住地
飽波
額田
大和川
大和
曾我川
飛鳥川
二上山
河内
錦織
佐備
忍海
飛鳥
身狭
葛城山
高宮
檜前
朝妻
多くの東漢氏の人々が暮らした。
金剛山
佐味
蘇我氏勢力圏（6世紀頃）
主な渡来系豪族

蘇我氏が取り込んだ渡来系氏族のひとつが東漢氏である。一族の多くが飛鳥の南に位置する檜前に居住し、蘇我氏の傘下として活動したとみられる。

その後どうなった？

東漢氏は分派が激しく、『新撰姓氏録』逸文では、62氏族が紹介されています。末裔では、国庫である大蔵の管理や出納を任された大蔵氏や、武門の家として栄えた坂上氏（さかのうえのうじ）が有名です。

戦う豪族

阿倍氏

平安最大の陰陽師を輩出した政界遊泳に巧みな一族

第8代・孝元天皇の子・大彦命の後裔を称する阿倍氏の氏名の由来は「饗」といわれ、朝廷の饗宴や外客の接待を中心に、祭祀、外交も担当した一族とされます。

6世紀後半から7世紀半ばにかけて全盛期を迎えた蘇我氏本宗家に協調して勢力を伸ばし、政権内外での勢力を維持しました。

それでも蘇我氏本宗家を倒して始まった大化改新では、新政権の左大臣に阿倍内麻呂が就任。即位した孝徳天皇の皇后に娘の小足媛を入れ、その妹の橘娘も天智天皇の妃になっている事実から、政治力の高さもうかがい知ることができます。

阿倍氏は複数に分流していきますが、このうち有力だったのが「引田臣」と「布勢臣」。

前者の系統は、7世紀中期に蝦夷征討や、百済救援に参加した将軍・阿倍比羅夫を出しています。一方、後者の「布勢臣」の系統からは、阿倍内麻呂の子・阿倍御主人が出ています。672年の壬申の乱の功臣であり、天武天皇の時代から重用され、続く持統・文武朝で高官に上り、晩年は右大臣にまで昇り詰めました。

政権の高官から陰陽道の「宗家」になる

しかし、阿倍御主人が没すると、阿倍氏はふるわなくなり、平安初期からは「安倍氏」と名乗ります。安倍兄雄、安倍安仁など高官に昇る者も出ましたが、中央での勢力は後退しました。

平安時代中期の安倍氏は、陰陽道の宗家のような存在になり、安倍兄雄の曽孫に「古今無双の占術家」といわれた安倍晴明が出ます。天文博士・主計権助などを歴任して従四位下まで昇りました。摂関家と密接な関係を持つ一方、冥府とこの世を行き来したなど、数々の伝説に彩られています。

豪族メモ

勢力の中心地● 大和国十市郡阿倍（奈良県桜井市阿部）

始祖● 大彦命／種別● 皇別／氏姓● 阿倍臣→阿倍朝臣

著名な人物● 阿倍内麻呂、阿倍比羅夫、阿倍御主人、阿倍仲麻呂

阿倍氏の系譜と東北遠征

阿倍氏は孝元天皇の子・大彦命から膳氏と分枝したとされ、以降複数に分流したようだ。大化改新前後には主に2つの系統の活躍が見られる。

阿倍比羅夫の東北遠征
斉明朝に仕えた阿倍比羅夫は、北陸および東北への遠征を行ない、ヤマト政権の勢力圏の拡大に貢献した。
粛慎
津輕（津軽）
渟代（能代）
米代川
蝦夷
齶田（秋田）
雄物川
7世紀頃までに服属
648年 磐舟柵（村上市岩船）
647年 渟足柵（新潟市沼垂町）
越国
信濃川
阿倍比羅夫遠征軍推定航路
659年4月
660年3月
（推定）
⑧孝元天皇
大毘古命（大彦命）
建沼河別命
阿倍臣
比古伊那許士別命
膳臣［44頁］
阿倍布勢臣系
阿倍引田臣系

その後どうなった？

平安時代以降、氏族全体としての政治的勢力は衰退し、地方豪族化する傾向も見られました。室町時代に入るとさらに衰退し、陰陽寮の権限も縮小。江戸時代には安倍晴明を祖とする土御門家が陰陽師の中心となりました。

佐伯氏

大伴氏のもとで久米氏とともに宮廷の警備を担当した一族

大伴氏と同祖とされ、その下で軍事や警備を職掌とした佐伯氏は、外交にも関与した氏族です。『日本書紀』によれば584年、百済から鹿深臣とともに佐伯連が仏像を持ち帰り、2体を蘇我馬子に献上したといいます。

587年の穴穂部皇子追討では佐伯連丹経手の名があり、645年の乙巳の変では、佐伯連子麻呂が中大兄皇子の側近として蘇我入鹿謀殺に協力しました。672年の壬申の乱では、大海人皇子の舎人として挙兵時の24人のなかに佐伯連大目の名があります。さらに天平宝字8年（764）の藤原仲麻呂の乱では、佐伯宿禰伊多智が鎮圧に貢献しました。

このように古代史上の重要な政変やヤマト政権の軍事行動に重要な役割を担ってきた佐伯氏は、『日本書紀』に起源をみることができます。それによれば、12代・景行天皇の時代、帰順した蝦夷を佐伯部として軍事組織に取り込んだ際、この佐伯部を、大伴氏のもとで束ねたのが佐伯氏だったようです。

久米氏ももとは征服された豪族か？

佐伯氏と似た大伴氏配下の軍事的部民に、久米氏がいます。天孫降臨のときに天孫を先導した天津久米命を祖とするとされ、神武東征では大伴氏の祖・日臣命に従って大久米（大来目）命が活躍しました。

ただし、久米氏の出自にはもう一つ、大和平定に協力した大和の山地の出身者という説があります。神武天皇による大和平定は、一行が大和の山間部を踏破するなかで土地の人々の服属が語られたのち、長髄彦を主の饒速日命が殺害して降伏し、達成されます。この大和の山間部の人々を久米氏が管轄したとされ、実際の出自はここにあったというのです。

豪族メモ

勢力の中心地● 不詳

始祖● 大伴室屋／種別● 神別（天神）／氏姓● 佐伯宿禰

著名な人物● 佐伯広足、佐伯子麻呂、佐伯今毛人

佐伯氏の系譜と佐伯部

佐伯氏は、宮門警備を担当するなど軍事力として政権を支えたが、高い地位につくものは稀であった。5か国に置かれた佐伯部（東国人の捕虜を編成した軍事力）を佐伯直、佐伯造を通じて間接的に管理した。

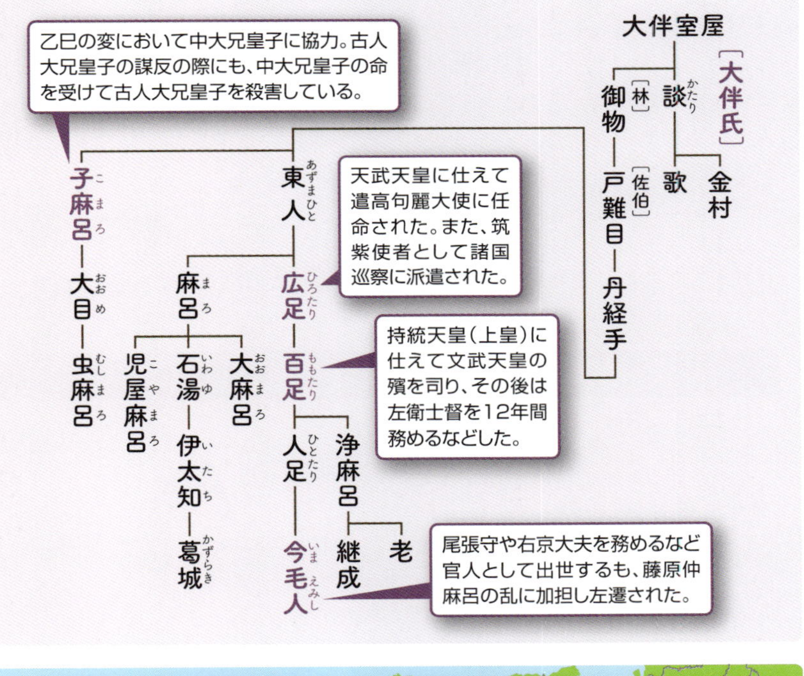
大伴室屋
〔大伴氏〕
談
御物
〔林〕
歌
金村
戸難目
〔佐伯〕
丹経手
東人
子麻呂
大目
虫麻呂
麻呂
児屋麻呂
石湯
伊太知
葛城
大麻呂
広足
百足
人足
今毛人
浄麻呂
継成
老
乙巳の変において中大兄皇子に協力。古人大兄皇子の謀反の際にも、中大兄皇子の命を受けて古人大兄皇子を殺害している。
天武天皇に仕えて遣高句麗大使に任命された。また、筑紫使者として諸国巡察に派遣された。
持統天皇（上皇）に仕えて文武天皇の殯を司り、その後は左衛士督を12年間務めるなどした。
尾張守や右京大夫を務めるなど官人として出世するも、藤原仲麻呂の乱に加担し左遷された。

佐伯部が置かれた5か国
佐伯部は中国・四国の5か国に置かれて、政権に兵を提供しました。
安芸
播磨
讃岐
飛鳥
伊予
阿波

その後どうなった？

今毛人以降、政界で活躍した者は現れず、平安時代には宿禰の姓を賜った佐伯豊雄、平城上皇の乱（薬子の変）で嵯峨天皇から伊勢への使いを命じられた佐伯永継の名があるものの、中流貴族からやがて地下官人へと没落していきました。

古代豪族の素朴な疑問

豪族たちは どんな服を着ていたの？

古墳時代の男女は頭を通す穴が開いた布を体にまとう簡素な貫頭衣を男女ともに日常着として使用していました。男性は動きやすい短い貫頭衣に帯を締め、腰に剣や刀を装備しました。女性は貫頭衣の上に長衣を重ね、首飾りや腕輪など、玉類を用いた装飾品で身を飾りました。とくに高貴な人々は金属製の冠やかんざしを使い、その華やかさで身分や地位を示していました。

また、ヒスイやメノウ、水晶で作られた勾玉は耳飾りや首飾りとして人気がありましたが、勾玉は単なる装飾品ではなく、魂に生命力を与えるお守りとしての意味を持ち、副葬品としても盛んに用いられていました。

古墳時代の身分の高い人々の服装

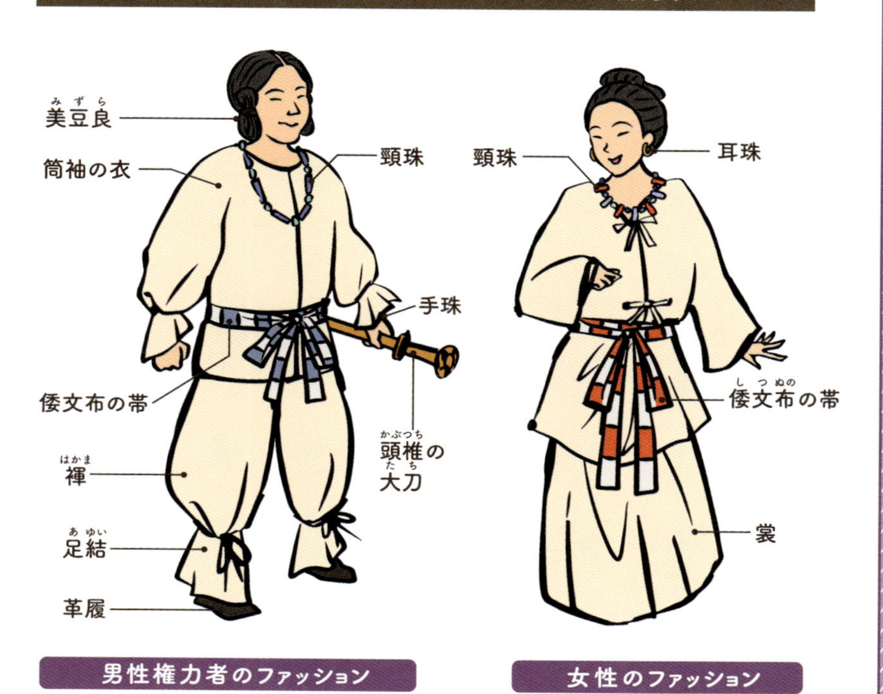
美豆良（みずら）
筒袖の衣
頸珠
手珠
倭文布の帯
頭椎の大刀（かぶつちのたち）
褌（はかま）
足結（あゆい）
革履
男性権力者のファッション
頸珠
耳珠
倭文布（しつぬの）の帯
裳
女性のファッション

第2部

しごとでわかる古代豪族

第4章

地方の豪族

政権の地方支配を任された大豪族たち

地方の豪族

地方支配

ヤマト政権に服属し、地方の支配を担った大豪族たち

ヤマト政権の全国統一は、大軍を侵攻させて領地を奪う力ずくの方法ではありませんでした。むしろ、割拠していた地方豪族を服属させると、彼らに前方後円墳の築造を認めて政権に取り込むという形を取りました。この前方後円墳の築造は、地方豪族にヤマト政権の権威を認めさせる象徴的な意味を持ち、3世紀から7世紀の「古墳時代」を特徴づけるものとなりました。

地方の統治は、各地の有力豪族に大きな権限を与えて任せる形が取られました。特に、日向（宮崎県）、吉備（岡山県と広島県東部）、出雲（島根県東部）、毛野（群馬県と栃木県南部）といった地域には、高い独立性を保った勢力が存在していたと考えられています。

古墳時代の終焉とヤマト政権の中央集権化

5世紀になると、こうした緩やかな主従関係に変化が訪れます。ヤマト政権は、地方豪族に支配権を認める一方で、「国造」という地方官に任命し、地方統治を一元化していきました。

国造に任じられた豪族は統治権を与えられる代わりに、領地や農民の一部をヤマト政権に提供する義務を負いました。また、豪族の子弟は「舎人」や「靫負」として、子女は「采女」として中央に出仕させられるようになり、中央政権とのつながりが強化されました。反抗的な国造は解体されることもあり、地方豪族は次第にヤマト政権の枠組みに組み込まれていきました。

さらに6世紀には、地方豪族の支配地内の農民を「名代・子代の部」という直轄民とし、「屯倉」という大王家の直轄地を設置しました。これにより、ヤマト政権は地方の経済基盤を直接支配下に置き、経済力を強化しました。この過程で、豪族の独立性は徐々に失われ、ヤマト政権の中央集権的な性格が強まっていきました。

古代史の
舞台を
覗く！

西都原古墳群 ▶▶▶ 在地の豪族の陵墓など、無数の古墳が点在する宮崎県の古墳群。

ヤマト政権と地方豪族

ヤマト政権が地方の豪族を服属させて国造に任じ、前方後円墳を頂点とする墓制のなかに取り込んでいったのが古墳時代の動向である。

西日本の豪族

地方支配の正当性を認めてもらう。

朝鮮半島への航路となる瀬戸内海を重視し、優遇。前方後円墳の築造と祭祀を認める。

ヤマト政権

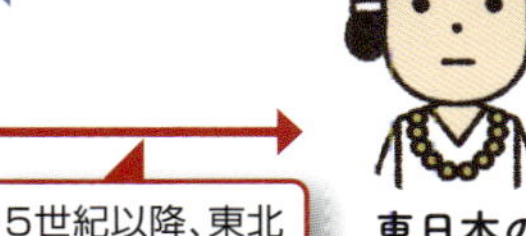

地方支配の正当性を認めてもらう。

5世紀以降、東北進出のために軍事力を利用すべく優遇。前方後円墳の築造と祭祀を認める。

東日本の豪族

古墳のランキング

ヤマト政権は前方後円墳を頂点とする墓制のなかに地方豪族を取り込んでいった。

※『古墳時代の研究7』都出比呂志「墳丘の形式」をもとに作成。

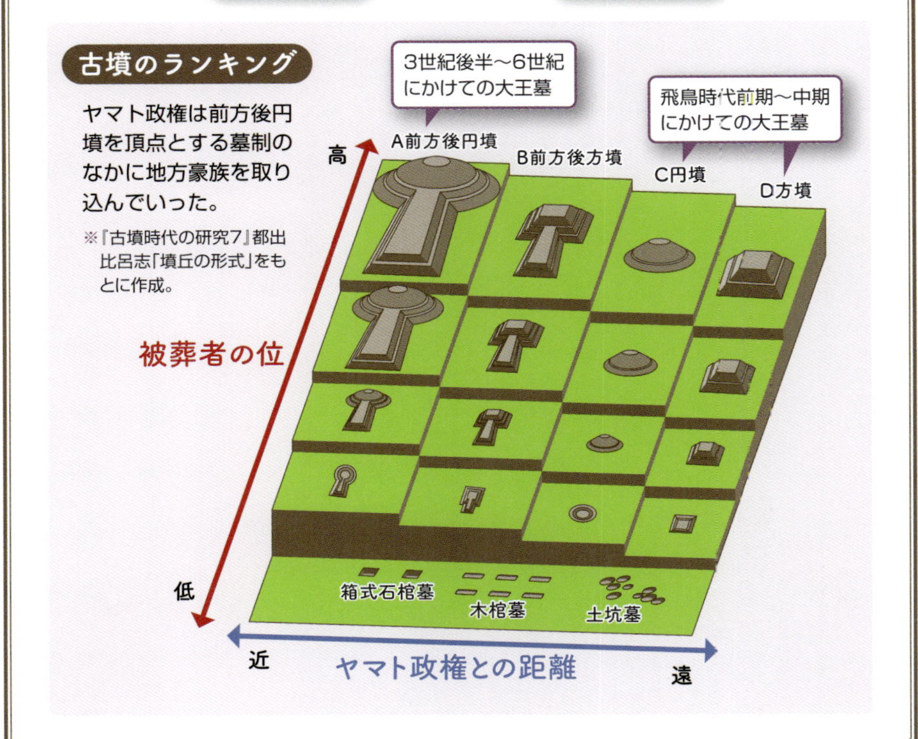

3世紀後半〜6世紀にかけての大王墓
飛鳥時代前期〜中期にかけての大王墓
A前方後円墳
B前方後方墳
C円墳
D方墳
高
被葬者の位
低
箱式石棺墓
木棺墓
土坑墓
近
ヤマト政権との距離
遠

地方の豪族

吉備氏

3度にわたる反乱伝承が伝わる山陽の雄

古墳時代、現在の岡山県南部を本拠地とした吉備氏は、地方豪族のなかでも特に大きな勢力を誇っていました。同地域は鉄や塩の産地であり、4世紀以降、朝鮮半島へ向かうヤマト政権の船が多数寄港する拠点となりました。このため、吉備は産業や交易を通じて繁栄しました。

吉備地方には巨大な前方後円墳が多数築かれ、そのなかでも全国で4番目の規模を誇る造山古墳（岡山市）や、10番目の作山古墳（総社市）が知られています。とはいえ、吉備氏はひとつの氏族ではなく、上道氏、下道氏、笠氏、加陽（香屋）氏、三野氏、苑氏といった主に6つの豪族から成る連合体であったとされています。

伝えられる3度の反乱伝承 5世紀末の段階で没落が始まる

吉備氏はすでに4世紀の段階でヤマト政権に服属していたようです。

しかし、5世紀後半の雄略天皇の時代、下道前津屋が反乱を企てて討伐され、上道田狭が新羅と結びついたことが没落の始まりとなりました。『日本書紀』には、雄略天皇没後にも、田狭の娘・稚媛が星川皇子をそそのかして謀反を起こし、誅殺されたと伝えられています。

これらの反乱劇は伝承ともされますが、この時期を境に吉備氏は地方豪族としての力を失い始めます。加えて、鉄生産地の所領の山部が政権に没収され、さらに勢力を削がれました。

以降の吉備氏は、中央政界への進出を目指すようになります。645年には、吉備笠垂が古人大兄皇子の反乱を密告し、その名を歴史に残しました。また、天武天皇が684年に「八色の姓」を制定した際、吉備氏のうち下道氏と笠氏は、最上位の真人姓に次ぐ朝臣姓を授けられます。このように、吉備氏は本拠地を維持しながら、中央豪族としての地位を確立しました。

豪族メモ

勢力の中心地● 吉備国（岡山県全域と広島県東部と香川県島嶼部および兵庫県西部）

始祖● 稚武彦命／種別● 皇部別／氏姓● 吉備臣

著名な人物● 下道前津屋、上道田狭、吉備真備

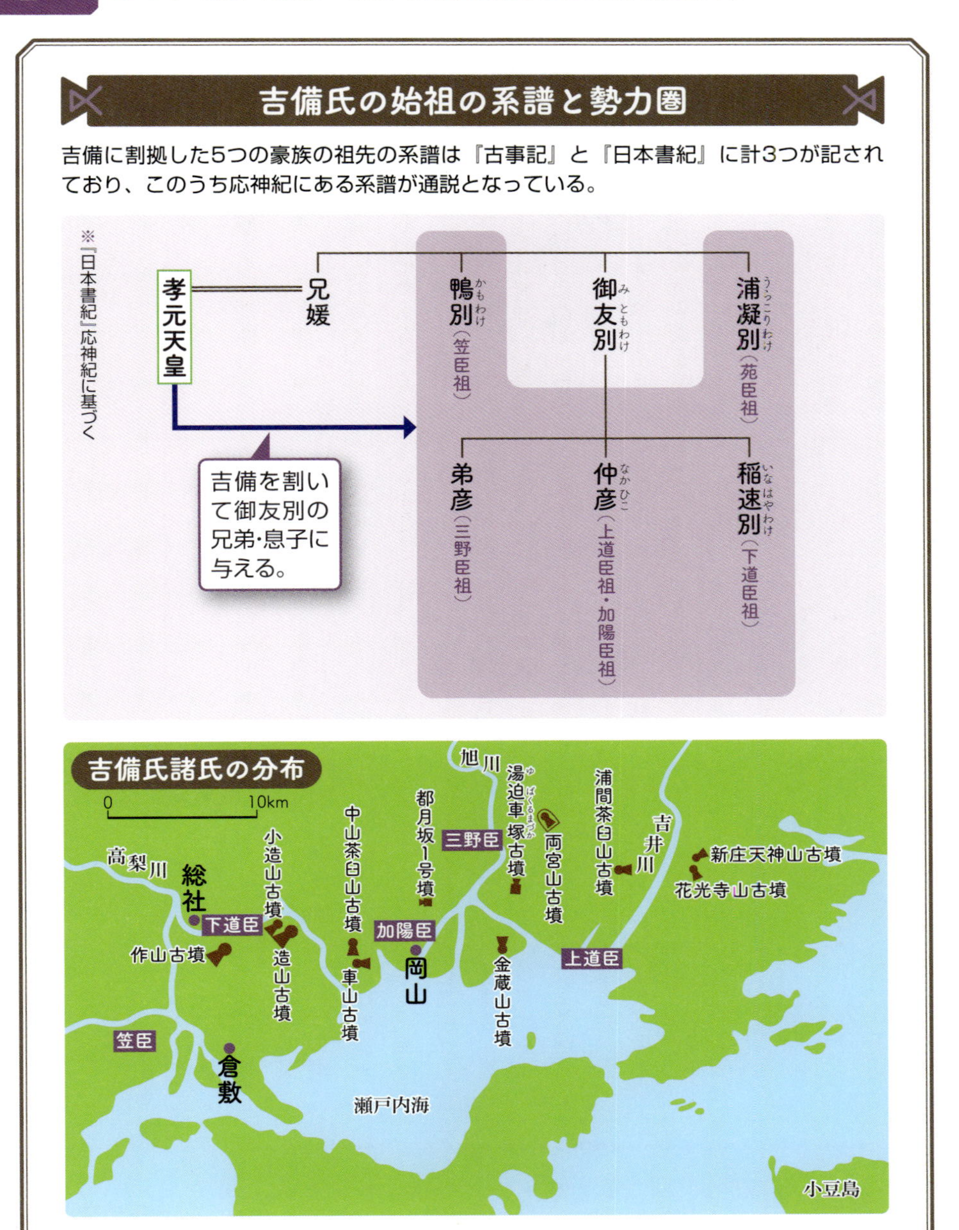
吉備氏の始祖の系譜と勢力圏
吉備に割拠した5つの豪族の祖先の系譜は『古事記』と『日本書紀』に計3つが記されており、このうち応神紀にある系譜が通説となっている。
※『日本書紀』応神紀に基づく
孝元天皇
兄媛
鴨別（かもわけ）（笠臣祖）
御友別（みともわけ）
浦凝別（うっこりわけ）（苑臣祖）
弟彦（三野臣祖）
仲彦（なかひこ）（上道臣祖・加陽臣祖）
稲速別（いなはやわけ）（下道臣祖）
吉備を割いて御友別の兄弟・息子に与える。
吉備氏諸氏の分布
0
10km
旭川
高梁川
総社
下道臣
作山古墳
小造山古墳
造山古墳
中山茶臼山古墳
車山古墳
都月坂1号墳
加陽臣
岡山
三野臣
湯迫車塚古墳（ゆばくるまづか）
両宮山古墳
金蔵山古墳
浦間茶臼山古墳
上道臣
吉井川
新庄天神山古墳
花光寺山古墳
笠臣
倉敷
瀬戸内海
小豆島

その後どうなった？

吉備自体も持統天皇の時代に美作、備前、備中、備後に分割されてしまいます。政界に進出したなかからは、下道臣の家系から日本をリードした学者・政治家の吉備真備が出ています。

地方の豪族

毛野氏

関東北部に割拠し、蝦夷との最前線を担った大豪族

北関東を拠点とした毛野氏は、早くからヤマト政権に服属し、中央政界にも進出しました。

毛野氏は、現在の群馬県（上毛地方）に勢力を持つ上毛野氏と、栃木県（下毛地方）を本拠とする下毛野氏に分かれていたとされます。祖先は第10代崇神天皇の皇子・豊城入彦命と伝えられますが、具体的な史実は不明です。

群馬県では上毛野氏が多くの前方後円墳を築いており、中央政権との強い結びつきがうかがえます。とくに太田天神山古墳(群馬県太田市)は東日本最大の前方後円墳であり、上毛野氏の勢威とヤマト政権との関係を象徴すると考えられています。

一方下毛野氏は、栃木県の平野部や鬼怒川流域を拠点に新田開発や東日本の統治に携わり、特に蝦夷征討の最前線として重要視されました。ただし、下毛野氏の本拠地では古墳の数は比較的少なく、規模も小さいものが多いようです。

国造の内乱のあおりを受けて上毛野氏が没落

毛野氏は東北の蝦夷遠征や朝鮮半島への遠征に従事するなど、ヤマト政権の東日本支配を支える役割を担っていました。これらのことから、一族のなかには蝦夷系や渡来系の存在もあるといわれています。しかし534年、武蔵国造の乱が発生します。この乱は、国造・笠原直使主とその同族・笠原直小杵の対立が原因とされ、小杵が上毛野氏と結んで使主を討とうとするも、使主がヤマト政権に助けを求めた結果、小杵が滅ぼされたというもの。

この乱の影響で、国造の使主はヤマト政権に屯倉を献上し、関東地域の豪族たちは次第にヤマト政権の直接支配を受けるようになります。この結果、毛野氏の勢力は大きく後退し、次第に没落していったと考えられています。

豪族メモ

勢力の中心地● 上毛野氏：上毛野国（群馬県）／下毛野氏：下毛野国（栃木県南西部）

始祖● 豊城入彦命／種別● 皇別／氏姓● 毛野君

著名な人物● 上毛野永世、上毛野滋子、下毛野古麻呂

毛野氏の系譜と古墳群

上毛野氏と下毛野氏は、ともに垂仁天皇の兄で東国の支配を任されたという豊城入彦命を祖とし、5世紀に分枝。それぞれ上野（現・群馬県）、下野（現・栃木県）を治めたという。

⑩
崇神天皇
活目入彦五十狭茅尊
⑪
垂仁天皇
豊城入彦命
東国の統治に当たる。
毛野氏
上野の統治にあたる。
下野の統治にあたる。
上毛野君
5世紀に分枝
下毛野君
関東の古墳群と毛野氏
■関東の主な屯倉
❶ 4世紀後半までに栃木県南部・群馬県全域を含む一帯に首長連合が形成される。
上毛野君
下毛野君
保渡田古墳群
緑野屯倉
摩利支天塚古墳
さきたま
埼玉古墳群
❷ 前橋天神山古墳
前橋八幡山古墳
早くからヤマト政権との交渉を確立させていた毛野の首長たちは、4世紀中頃に全長126～129mの前方後円墳とされる前橋天神山古墳を築造する。
❸ 太田天神山古墳
5世紀中頃、東毛野の勢力が台頭し、全長210mもの前方後円墳、太田天神山古墳が築造される。
橘花・多氷屯倉
倉樔屯倉

その後どうなった？

大化以後は中級貴族、平安時代に入ると下級武官として名を残しました。下毛野氏においては、下毛野古麻呂が『大宝律令』撰定に従事し、下野薬師寺を氏寺として建立する業績を残しました。

地方の豪族

日向諸県君

大王家の故郷を本拠とし、大規模古墳群を有する九州南部の豪族

日向地方（現・宮崎県）は天孫降臨の舞台とされ、天照大神の孫・瓊瓊杵尊が降り立った場所として伝えられています。また、神武天皇が日向から東征し畿内に入ったとされることから、天皇家発祥の地とも言えます。

ヤマト政権成立後も九州には熊襲や隼人などの勢力が存在し、日向は征討の拠点として重要視されました。そうしたなかで、ヤマト政権と縁戚関係を結び栄えたのが日向諸県君です。『日本書紀』には、景行天皇が熊襲征討のために日向に6年間滞在し、御刀媛を妃としたことが記されています。また、応神天皇は日向泉長媛を、仁徳天皇は髪長媛をそれぞれ妃としたと伝えられています。

宮崎県中央部の西都原古墳群には31基の前方後円墳と286基の円墳と2基の方墳があり、なかでも5世紀前半築造の女狭穂塚古墳は九州最大の前方後円墳です。この古墳群からは、畿内から派遣された工人が製作したとされる埴輪が出土しており、ヤマト政権との結びつきを裏付けています。

天皇家発祥の地としての「別格」と深い姻戚関係

ただし、日向諸県君とヤマト政権の関係は、完全な対等関係ではなく、支配・被支配の要素も含んでいたようです。『日本書紀』では、日向国造の祖として景行天皇と御刀媛の間に生まれた豊国別皇子を挙げる一方、日向髪長大田根媛の子である日向襲津彦の名前も記されており、系譜には曖昧さが残ります。

日向は畿内から遠く離れた九州南部に位置しながら、王族に数多くの妃を提供し、さらに神話において天皇家発祥の地とされたことから、日向諸県君がヤマト政権と緊密な関係を築いていたことがうかがえます。

豪族メモ

勢力の中心地● 日向国諸県郡（宮崎県東諸県郡、西諸県郡、北諸県郡、小林市など）

始祖● 豊国別皇子／種別● 皇別／氏姓● 日向諸県君

著名な人物● 諸県君牛諸井、髪長媛

河内の王権と日向諸県君のつながり

日向には西都原古墳群をはじめとする大規模な古墳を持つ古墳群が点在し、ヤマト政権と密接な関係を持った日向諸県君が割拠した。同氏は対熊襲・隼人の最前線にあって大王家の外戚となり、権勢をふるった。

〈日向系〉
諸県君牛諸井
髪長媛
大草香皇子
草香幡梭皇女

⑫景行
⑮応神
⑯仁徳
⑰履中
⑱反正
⑲允恭
⑳安康
㉑雄略

〈葛城系〉
葛城襲津彦
磐之媛
黒媛
市辺押磐皇子

※『日本書紀』に基づく

日向の古墳群

高千穂町
五ヶ瀬川
南方古墳群
延岡市
日向
川南古墳群
耳川
茶臼原古墳群
持田古墳群
西都原古墳群
西都市
えびの市
新田原（にゅうたばる）古墳群
本庄古墳群
生目（いきめ）古墳群
宮崎市
都城市
大隅
高塚式古墳分布圏
横穴式古墳分布圏

その後どうなった？

6世紀以降、7世紀中期にかけての日向国は不明な点が多く、推古天皇期の「馬ならば日向の駒」という記載程度しかありません。その後日向は隼人の反乱が続発するなかで、ヤマト政権の最前線となっていきました。

海部氏

海産物の貢納と航海に従事した海人族

「海部（海人部）」とは、海産物の貢納や外交などで朝廷に仕えた品部［89頁］です。尾張・吉備・紀伊・丹後・豊後などに分布し、律令体制下では郡の大領（郡司の長官）を務めました。この海部を統率した豪族が海部氏です。

海部氏の始祖は、瓊瓊杵尊の兄で天孫の火明命とされ、尾張氏と祖を同じにすることから深い関係がうかがえます。

海路や陸路の要衝を握っていた吉備氏や尾張氏との関係も深く、『日本書紀』には吉備海部氏という氏族が登場し、21代雄略天皇の条では、吉備海部赤尾が新羅征討を命じられたという記述があります。

海の氏族であった海部氏は、こうして全国に広がり、地方豪族として各地に定着しました。なかには神職を継承した家系もあり、丹後国の籠神社（京都府宮津市）は、代々同氏が宮司職を務め、現在83代目を数えています。

豪族メモ

勢力の中心地● 丹後国与謝郡（京都府宮津市）

始祖● 火明命／種別● 神別（天孫）／氏姓● 海部直

著名な人物● 海部止羅宿禰、海部田雄、海部千嶋

息長氏

琵琶湖の水運を押さえて繁栄した謎の一族

息長氏が本拠とした近江国坂田郡息長は琵琶湖東岸に位置し、北陸と畿内を結ぶ水運の大動脈にあたります。息長氏は、同地において水運を押さえ、繁栄した一族でした。『古事記』では15代応神天皇の孫・意富富杼王を祖とします。

一方で、14代仲哀天皇の皇后で応神天皇の母である神功皇后は、その名を「息長帯比売命」といい、息長氏と大王家の深い関係をうかがわせます。

また、意富富杼王を、北陸出身の継体天皇の曾祖父とする史料があるものの、継体天皇と直接血縁のない近江地方の豪族だったとする説もあります。

議論は分かれますが、684年に天武天皇が「八色の姓」を制定した際には、最上位の「真人」が息長氏に与えられており、大王家と深い関係があったことは間違いなさそうです。

豪族
メモ

勢力の中心地● 近江国坂田郡息長（滋賀県米原市能登瀬）

始祖● 意富富杼王／種別● 皇別／氏姓● 息長君→息長真人

著名な人物● 息長宿禰王、息長帯比売命、息長長田別王

尾張氏

壬申の乱で勝ち馬に乗った東海の名族

古代尾張（現・愛知県西部）を支配した尾張氏について、『日本書紀』では、その祖を火明命としています。火明命は、尾張氏だけでなく、海部氏や津守氏、丹波大県主氏などの祖神ともされています。一方、『先代旧事本紀』では、尾張氏の起源を13代成務天皇の治世に小止与命が尾張国造に任命された時点としています。

また、小止与命の娘である宮簀媛は、12代景行天皇の子である日本武尊の妃のひとりであり、尾張氏は早い時期から大王家と深い姻戚関係を持っていたと考えられます。

その中でも尾張氏で著名な人物の一人が、672年の壬申の乱で功績を立てた尾張大隅です。大海人皇子が吉野を発ち、鈴鹿関を越える際、尾張大隅は自邸を浄めて行宮として提供し、私財を差し出して皇子を支援しました。この重要な貢献から、のちに天武天皇から「宿禰」の姓を賜りました。

豪族
メモ

勢力の中心地● 尾張国（愛知県西部）

始祖● 火明命／種別● 神別（天孫）／氏姓● 尾張連→尾張宿禰

著名な人物● 宮簀媛、尾張大隅、尾張草香

丹波大県主

大陸との交易で富を築いた「丹後王国」の盟主

現在の京都府北部から兵庫県東北部にあたる丹波国で、分国以前から地域支配に関わってきたのが丹波大県主氏です。

同地には古墳時代前期に築かれた3基の大規模な古墳（綾部市の私市丸山古墳など）がありますが、これらと丹波大県主氏との関係は明らかになっておらず、築造した支配者はわかっていません。

ただし、日本海に突き出た丹後半島を擁する丹後（京都府北部）においては、大陸や朝鮮半島と独自の交易ルートを持ち、鉄素材を朝鮮半島から輸入しており、これを畿内に供給することで、ヤマト政権と関係を結びながら繁栄を誇った勢力があったと推測されます。

『古事記』では、開化天皇の妃として「丹波大県主由碁理」の娘・竹野比売が記されています。丹波大県主については不明な点が多いのですが、5世紀以降は衰退したといわれています。

豪族メモ

勢力の中心地● 分国前の丹波国（京都府北部から兵庫県東北部）

始祖● 丹波道主神／種別● 神別／氏姓● 丹波大県主

著名な人物● 由碁理、竹野比売、丹波道主王

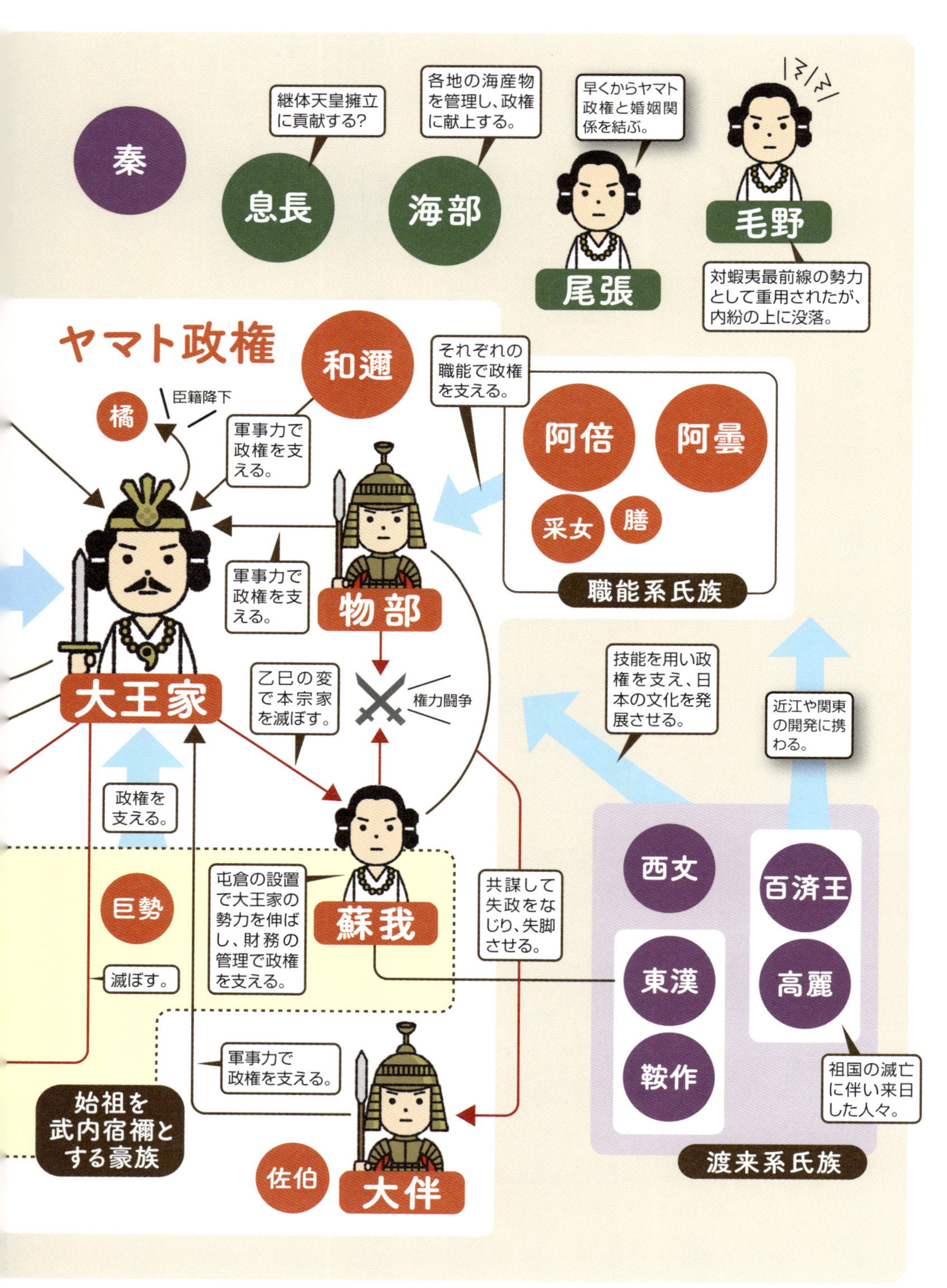

秦
継体天皇擁立に貢献する?
息長
各地の海産物を管理し、政権に献上する。
海部
早くからヤマト政権と婚姻関係を結ぶ。
尾張
毛野
対蝦夷最前線の勢力として重用されたが、内紛の上に没落。
ヤマト政権
和邇
橘
臣籍降下
軍事力で政権を支える。
それぞれの職能で政権を支える。
阿倍
阿曇
采女
膳
職能系氏族
物部
軍事力で政権を支える。
大王家
乙巳の変で本宗家を滅ぼす。
権力闘争
技能を用い政権を支え、日本の文化を発展させる。
近江や関東の開発に携わる。
政権を支える。
蘇我
屯倉の設置で大王家の勢力を伸ばし、財務の管理で政権を支える。
巨勢
滅ぼす。
共謀して失政をなじり、失脚させる。
西文
百済王
東漢
高麗
鞍作
祖国の滅亡に伴い来日した人々。
渡来系氏族
軍事力で政権を支える。
始祖を武内宿禰とする豪族
佐伯
大伴

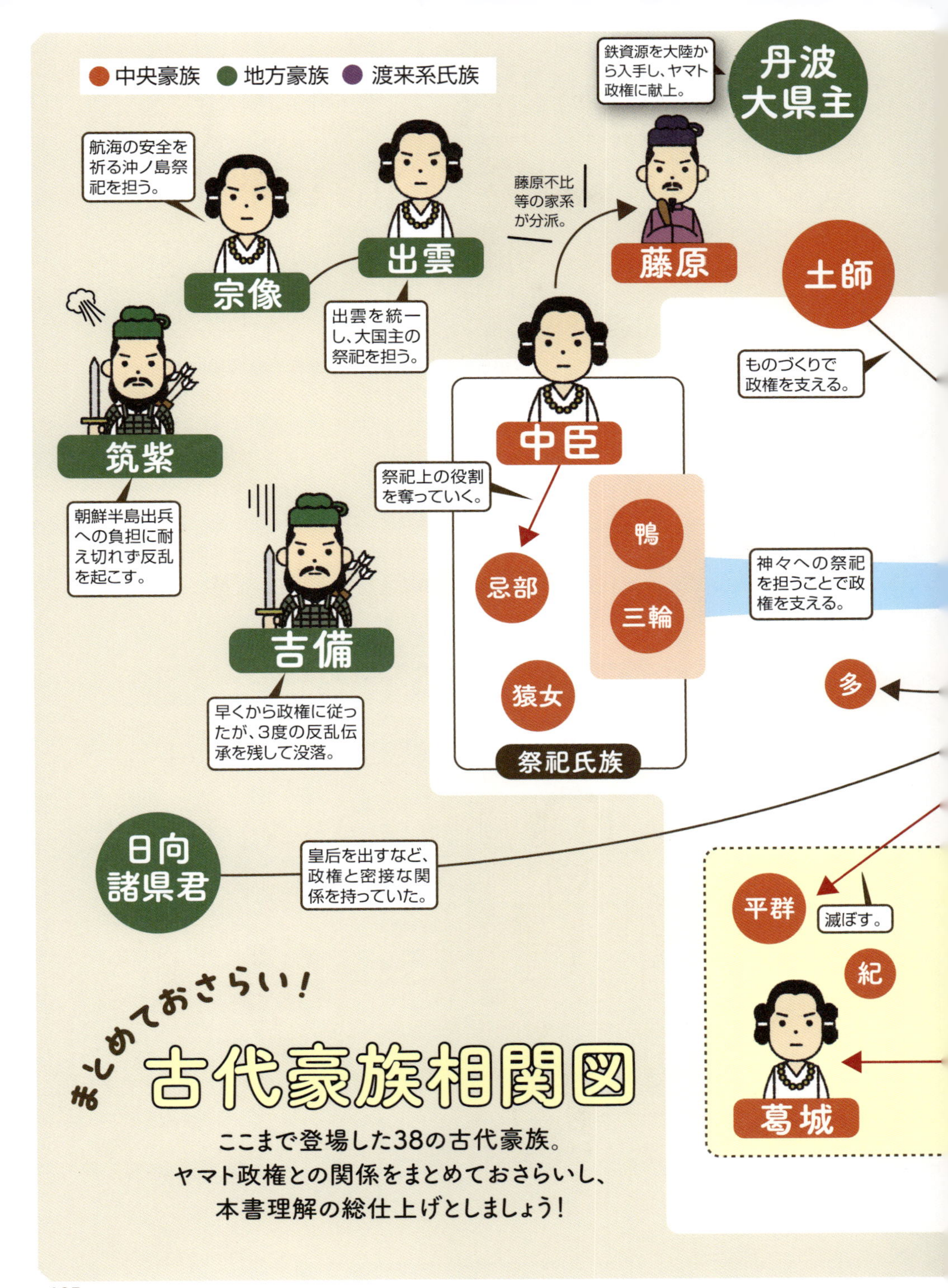

中央豪族
地方豪族
渡来系氏族
鉄資源を大陸から入手し、ヤマト政権に献上。
丹波大県主
航海の安全を祈る沖ノ島祭祀を担う。
藤原不比等の家系が分派。
藤原
出雲
宗像
土師
出雲を統一し、大国主の祭祀を担う。
ものづくりで政権を支える。
筑紫
中臣
祭祀上の役割を奪っていく。
朝鮮半島出兵への負担に耐え切れず反乱を起こす。
鴨
忌部
三輪
神々への祭祀を担うことで政権を支える。
吉備
猿女
多
早くから政権に従ったが、3度の反乱伝承を残して没落。
祭祀氏族
日向諸県君
皇后を出すなど、政権と密接な関係を持っていた。
平群
滅ぼす。
紀
葛城

まとめておさらい!

古代豪族相関図

ここまで登場した38の古代豪族。
ヤマト政権との関係をまとめておさらいし、
本書理解の総仕上げとしましょう!

埴輪はなんのために作られたの?

埴輪とは、古墳の墳丘や堤などの表面に並べられた土製の焼き物のこと。埴土と呼ばれる厳選された粒子の細かい粘土が使われ、その種類は「円筒埴輪」と、家形埴輪、器財埴輪、人物・動物埴輪など、何らかの形をモデルとした「形象埴輪」の２種類に分けられます。

埴輪の起源については、『日本書紀』に野見宿禰による形象埴輪の起源伝承が語られますが、最初に登場したのは円筒埴輪で、古墳時代の前期中頃から家形埴輪、前期後半に器財埴輪、中期に入ってようやく人物や動物埴輪が登場しており、起源伝承は神話の域を出ないようです。

円筒埴輪の登場以降、徐々に種類を増やしていった形象埴輪は、中国の俑(よう)のように墓室のなかに納められるのではなく、古墳の表面に並べられる形で用いられました。内方外円区画［86頁］の中央に、家形埴輪が弓や武具を象った器財埴輪に囲まれて置かれていることが多く、その配置は何らかのセレモニーを表すのではないかなどと指摘されています。

埴輪の種類

円筒埴輪

弥生時代に生まれた器台形土器から、彩色や飾りの施された祭祀用の特殊器台が登場。これが円筒埴輪へと発展しました。古墳の周囲に置かれ、結界の役割を果たしたといわれます。
（メスリ山古墳出土／奈良県立橿原考古学研究所附属博物館蔵）

形象埴輪

◀人物埴輪

５世紀後半～６世紀中頃にかけて種類が増加し、武人や楽人、男子、巫女（みこ）などの埴輪が作られました。
（群馬県太田市出土／東京国立博物館蔵）

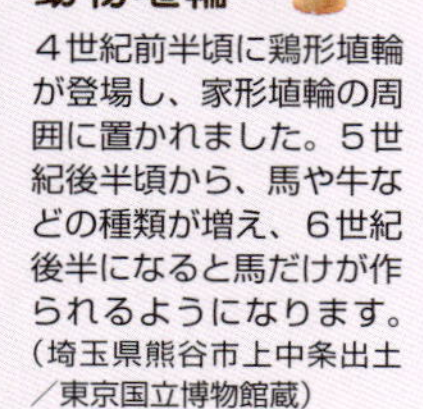

▶動物埴輪

４世紀前半頃に鶏形埴輪が登場し、家形埴輪の周囲に置かれました。５世紀後半頃から、馬や牛などの種類が増え、６世紀後半になると馬だけが作られるようになります。
（埼玉県熊谷市上中条出土／東京国立博物館蔵）

家形埴輪▶

大王や豪族、首長の居館や高床式倉庫、喪屋などをモデルにした埴輪とされ、４世紀前半頃に登場。内方外円区画の中央に並べられて、被葬者の地位を誇示しました。（大阪府八尾市美園古墳出土／文化庁蔵）

参考文献

『モノと技術の古代史　金属編』村上恭通、『モノと技術の古代史　木器編』宇野隆夫、『日本古代氏族人名辞典』坂本太郎・平野邦雄監修（吉川弘文館）／『合戦の文化史』二木謙一、『日本の歴史②王権誕生』寺沢薫、『日本の歴史③大王から天皇へ』熊谷公男、『日本書紀』（上）（下）宇治谷孟、『飛鳥の朝廷』井上光貞、『日本の古代豪族100』水谷千秋、『日本書紀の読み方』遠山美都男編（講談社）／『古事記・日本書紀を知る事典』武光誠、『古代史を知る事典』武光誠、『古代出雲を知る事典』瀧音能之（東京堂出版）／『古事記の本―高天原の神々と古代天皇家の謎』、『歴史群像シリーズ　古代天皇列伝』、『図説　最新日本古代史』恵美嘉樹、『歴史群像シリーズ　飛鳥王朝史』（Gakken）／『古代豪族と朝鮮』森浩一・上田正昭・井上満郎・西谷正・門脇禎二、『古代豪族の謎』「歴史読本」編集部、『日本のまつろわぬ神々』菅田正昭ほか、『万葉集101の謎』松尾光、『日本の古代王朝をめぐる101の論点』（新人物往来社）／『世界大百科事典』、『蘇我氏の古代史』武光誠（平凡社）／『古代史の謎　知れば知るほど』黛弘道（実業之日本社）／『古代史がわかる。』（朝日新聞出版）／『ヤマト国家の成立』和田萃著　上田正昭監修（文英堂）／『古代史の基礎知識』吉村武彦（KADOKAWA）／『古代天皇陵をめぐる』藤田友治・天皇陵研究会（三一書房）／『後宮のすべて：知っ得』國文學編集部（学燈社）／『詳説日本史』五味文彦・高埜利彦・鳥海靖（山川出版社）／『早わかり古代史』松尾光（日本実業出版）／『地方豪族の世界』森公章（筑摩書房）／『天皇家の誕生　帝と女帝の系譜』井上辰雄（遊子館）／『東アジアの後宮』伴瀬明美・稲田奈津子・榊佳子・保科季子編（勉誠社）／『謎の大王　継体天皇』水谷千秋（文藝春秋）／『日本の建国史　戦後隠された古代史』南原次男（自由社）／『日本古代史の謎　総解説』（自由国民社）／『日本神話事典』大林太良著、吉田敦彦監修（大和書房）／『歴代天皇総覧』笠原英彦（中央公論新社）

【監修者紹介】

瀧音能之（たきおと・よしゆき）

1953年生まれ。駒澤大学名誉教授。日本古代史、特に『風土記』を基本史料とした地域史の研究を進めている。著書に『出雲古代史論攷』（岩田書院）、『図説 出雲の神々と古代日本の謎』『神々と古代史の謎を解く古事記と日本書紀』（青春出版社）、『古代出雲を知る事典』（東京堂出版）、『出雲大社の謎』（朝日新聞出版）、『古代の出雲事典』（KADOKAWA）などがある。

【STAFF】

装丁・本文デザイン／柿沼みさと
本文 DTP／伊藤知広（美創）
編集／株式会社ロム・インターナショナル
本文イラスト／濱田優美香、みのりまる、フリーナ、
cocoanco、ニッキー、ぽんぢり

ビジュアル版
一冊でつかむ古代史と豪族

2025年 2 月18日　初版印刷
2025年 2 月28日　初版発行

監　修	瀧音能之
発行者	小野寺優
発行所	株式会社河出書房新社 〒162-8544 東京都新宿区東五軒町 2-13 電話03-3404-1201（営業） 03-3404-8611（編集） https://www.kawade.co.jp/
印刷・製本	三松堂株式会社

Printed in Japan
ISBN978-4-309-62962-9
落丁本・乱丁本はお取り替えいたします。